U0446843

数智管理系列

DIGITAL TRANSFORMATION
SIX PRACTICES
OF ORGANIZATIONAL EMPOWERMENT

数字化转型

组织赋能的六项修炼

张培泉 杨红梅 蔡亮华 陈伟俊 ◎ 著

企业管理出版社
ENTERPRISE MANAGEMENT PUBLISHING HOUSE

图书在版编目（CIP）数据

数字化转型：组织赋能的六项修炼 / 张培泉等著. －北京：企业管理出版社，2022.8
ISBN 978-7-5164-2669-2

Ⅰ.①数… Ⅱ.①张… Ⅲ.①企业管理－数字化－研究 Ⅳ.①F272.7

中国版本图书馆CIP数据核字(2022)第142048号

书　　名：	数字化转型：组织赋能的六项修炼
书　　号：	ISBN 978-7-5164-2669-2
作　　者：	张培泉　杨红梅　蔡亮华　陈伟俊
责任编辑：	于湘怡
出版发行：	企业管理出版社
经　　销：	新华书店
地　　址：	北京市海淀区紫竹院南路17号　　邮　编：100048
网　　址：	http://www.emph.cn　　电子信箱：1502219688@qq.com
电　　话：	编辑部（010）68701661　　发行部（010）68701816
印　　刷：	河北宝昌佳彩印刷有限公司
版　　次：	2022年8月第1版
印　　次：	2022年8月第1次印刷
规　　格：	700毫米×1000毫米　　开　本：1/16
印　　张：	14.5印张
字　　数：	178千字
定　　价：	68.00元

版权所有　翻印必究　·　印装有误　负责调换

序 言

PREFACE

2021年我国数字经济占GDP比重达39.8%，发达国家这一比重更大。数字经济的前景如此广阔，潜力如此巨大，众多企业都把数字化转型放到发展的首位，以期能在数字经济的赛道中找到新的突破口。

但是，数字化转型如何转？从哪里开始？如何落地？对企业而言问题很多，千头万绪，不知从何下手。有的企业投入了大量资金进行各种数字化技术平台的建设，但是并没有产生预期的效果，一时间不免陷入迷茫之中。

数字化转型是利用云计算、大数据、AI、物联网、区块链等数字化技术和能力来驱动组织商业模式创新和商业生态系统重构，就是利用数字经济时代的"新石油"资源——数据，来驱动企业重塑组织、重构生态、数字赋能、跨界协同共生。

数字经济时代也是知识整合的时代，数字经济时代的知识与信息都是离散的、碎片化的，关键是如何在这海量的资源中搜索并洞察有价值的数字信息，并通过整合、转化实现利用。可以说，数字化转型中组织赋能是焦点，一般来说，组织赋能可以从六个方面有针对性地实施，如图1所示。

图1　组织赋能的六项修炼

既然数字化已成为企业创新发展的必选题，成为驱动企业成长的核心，那么企业就要重新对数字经济进行全面的认知，了解数字产业化和产业数字化在数字化转型中的要点。企业在数字化转型中要清楚如何实现业务的转型、资产的整合和创新等，要清楚如何从多个维度提升企业的算力，即数字信息的处理能力。

本书共六章，通过对几十个数字化转型成功企业案例的解析，围绕构建组织赋能的新生态——道来，从数字经济认知赋能、平台连接赋能、知识共享赋能、协同创新赋能、组织学习赋能和价值共生赋能六个方面深入浅出地讲解数字化转型新业态。书中借鉴了许多专家学者的资料与文献，虽然作者尽力标注出处，但难免有遗漏之处，敬请谅解。

在数字化转型中，需要注意以下问题。

第一，数字化转型不只是搭平台和收集知识。平台只是一个工具，也只是数字化转型的一小步，搭建起平台后，要从构建平台生态的方向去努力，从平台生态中获取有价值的信息与知识，进而实现平台生态的赋能。

第二，数字化并不是简单的数据收集。企业要用数字化的思维与能力来获取数据，并进行整合创新，将数据转化为企业的资产。企业对数据的搜索能力和洞察能力是有效实现数字产业化和产业数字化的关键。

第三，数字化转型中的赋能是多维的。赋能不是字面上的授权与传统意义上的培训，而是要激发个人潜能，企业要通过外部环境、机制、文化等来激发个人自主学习行为。赋能不仅是管理者的责任，而是需要企业全员甚至产业链相关方参与其中的。

本书的创新点主要是提出六个赋能修炼紧密融合的价值共生体系，不仅关注内在的赋能作用，也关注外在的赋能影响力。

由于作者能力有限，书中难免有不足之处，请大家谅解与支持，如有任何意见与建议，请发送至pqzhang624@126.com。

2022年2月

目录

CONTENTS

第一章 数字经济 —————————————————— 1
第一节 数字经济内外变革的"涅槃重生" ———————— 6
一、价值重塑的战略定位 ———————————————— 8
二、平台生态的策略构建 ———————————————— 9
三、跨界融合的策略实施 ———————————————— 10
第二节 数字经济发展路径的"破茧化蝶" ———————— 18
一、发展内因：创新驱动 ———————————————— 18
二、发展技术：数字智能 ———————————————— 19
三、发展逻辑：去中心化 ———————————————— 23
四、发展工具：资产链 ————————————————— 24
五、发展机制：协同合作 ———————————————— 26
六、发展体系：持续改进 ———————————————— 27
第三节 数字经济中管理者的"六脉神剑" ———————— 29
一、认知重构 ————————————————————— 29
二、敏捷时代 ————————————————————— 30
三、数据深挖 ————————————————————— 32
四、专业团队 ————————————————————— 33
五、协同创新 ————————————————————— 33
六、换位思考 ————————————————————— 34

第四节　数字化经济管理对人才"赋能为王" ———— 37
　　一、数字化升级：技术变革 ———— 37
　　二、数字化管理：跨界融合 ———— 38
　　三、数字化运营：灰度管理 ———— 38
　　四、数字化创新：共享思维 ———— 39

第二章　平台连接赋能 ———— 45
第一节　平台连接机制 ———— 50
　　一、平台嵌入 ———— 50
　　二、平台思维 ———— 54
　　三、平台转化 ———— 56
第二节　平台连接创新 ———— 61
　　一、平台连接，价值重塑 ———— 61
　　二、平台连接，价值管理 ———— 62
　　三、平台连接，价值共生 ———— 63
第三节　平台连接，数字化思维 ———— 67
　　一、平台连接，价值颠覆 ———— 67
　　二、平台连接，冲击管理 ———— 70
　　三、平台连接，资源转化 ———— 73
第四节　平台连接生态 ———— 77
　　一、平台连接，管理创新 ———— 77
　　二、平台连接，战略创新 ———— 80
　　三、平台连接，联通创新 ———— 86
　　四、平台模式，共享创新 ———— 87

第三章　知识共享赋能 ———— 93
第一节　认知创新 ———— 98
　　一、认知创新驱动技术创新 ———— 99

二、认知创新驱动业态创新 —— 100
　　三、业态创新驱动动能创新 —— 102
　　四、动能创新驱动协同创新 —— 104
第二节　知识创新 —— 108
　　一、知识创新共享，驱动新动能 —— 108
　　二、知识创新共享，重塑新发展 —— 110
　　三、知识创新共享，管理新维度 —— 111
第三节　管理创新 —— 114
　　一、管理知识成就管理变革 —— 114
　　二、管理知识成就数智建设 —— 115
　　三、管理知识成就模式创新 —— 118

第四章　协同创新赋能 —— 125
第一节　协同创新新范式 —— 129
　　一、协同创新发展 —— 129
　　二、协同创新战略 —— 130
　　三、协同创新能力 —— 132
第二节　协同创新新认知 —— 136
　　一、现代化经济发展 —— 136
　　二、智慧化技术迭代 —— 138
　　三、共享化人才提升 —— 140
　　四、整合化知识扩容 —— 141
　　五、创新化跨界融通 —— 143

第三节　协同创新新效应 —— 146
　　一、纵向一体化协同 —— 146
　　二、横向一体化协同 —— 147
　　三、跨界共享化协同 —— 148

第四节　协同创新新能力 ———————————— 151
　　一、知识获取能力 —————————————— 151
　　二、知识创造能力 —————————————— 151
　　三、环境支撑能力 —————————————— 151
　　四、资源配置能力 —————————————— 152

第五章　组织学习赋能 ———————————————— 157
　第一节　组织学习再构认知 ———————————— 162
　　一、组织学习新格局 ————————————— 162
　　二、组织学习新方法 ————————————— 163
　　三、组织学习新文化 ————————————— 164
　第二节　组织学习再创自我 ———————————— 165
　　一、认知学习格局创新 ———————————— 165
　　二、知识学习赋能创新 ———————————— 166
　　三、跨界学习颠覆创新 ———————————— 166
　　四、组织学习重塑创新 ———————————— 167
　第三节　组织学习再构价值 ———————————— 170
　　一、组织学习的赋能作用 ——————————— 170
　　二、整合资源的赋能作用 ——————————— 171
　　三、氛围环境的赋能作用 ——————————— 171
　　四、激励机制的赋能作用 ——————————— 172
　　五、领导带头的赋能作用 ——————————— 172

　第四节　组织学习再构思维 ———————————— 175
　　一、提升创新能力是前提 ——————————— 175
　　二、建立创新型组织是关键 —————————— 177

第五节　组织学习再构影响 —— 181
　　一、知识经济时代 VS 知识全新认知 —— 181
　　二、组织学习 VS 创新绩效 —— 182
　　三、组织学习 VS 创新能力 —— 182

第六章　价值共生赋能 —— 187
第一节　数字化时代特征 —— 192
　　一、连接 —— 192
　　二、共生 —— 193
　　三、共创 —— 193
　　四、共赢 —— 194
　　五、赋能 —— 194
第二节　数字化时代共享 —— 196
　　一、打造共享文化 —— 196
　　二、深度融合共生 —— 197
　　三、共享平台机制 —— 197
　　四、资源共享体系 —— 197
第三节　数字化时代创新 —— 200
　　一、新生代人力的新潜能 —— 200
　　二、多维度创新的新场景 —— 201
　　三、创价值共生的新途径 —— 204
　　四、共创得成果的新内涵 —— 205
第四节　数字化时代转型 —— 210
　　一、价值共生促进企业价值跃迁 —— 210
　　二、跨界融合拓宽企业价值边界 —— 211
　　三、管理挖潜打造企业价值新机 —— 211

参考文献 —— 217

第一章

数字经济

数字经济是伴随着互联网、人工智能、大数据、云计算等新兴信息技术而创新出来的新生态场景。在数字经济时代拥有数据，就拥有了核心资源。在新生态场景下只要能敏捷地搜索知识与信息，能有效实现产业链上各环节的数据集合，汇聚成海量的数据，就有了数字经济创新发展的基础。可以说企业通过平台内外生态的交互与协同，再通过即时的汇总与分析和整合，……才具备了数字经济发展的前提。数据已成为新时代经济发展中不可替代的"新石油"资源。

数字经济是"互联网+"产生的结果，是一种新型的经济业态，有很多的想象空间。

——腾讯 马化腾

【学习要点】　　数字经济特征
　　　　　　　　数字化思维
　　　　　　　　数字化能力

开篇案例——美亚柏科：数据引擎驱动多元化创新

随着数字经济时代的到来，数据已经成为比物质资本、劳动力、技术更重要的战略资源。企业为了创造经济增量，就需要用各种方法激励用户或客户到平台中来交互，从而为企业获得指数级倍增的数据打下基础。企业从用户或客户留在平台上的信息或习惯中发现潜在的需求，也就能获得新的价值。在数字经济时代，数据的积累量是平台核心竞争优势的基础，对海量的数据探析洞察就容易获得新的数字驱动力，从而实现价值的裂变。

一、公司简介

美亚柏科信息股份有限公司（以下简称美亚柏科）成立于1999年，在20多年的发展历程中，始终以捍卫网络安全为使命。美亚柏科多年来专注于电子数据取证及大数据信息化领域，不断追求精湛技术、优质服务，努力成为客户坚强的技术后盾。美亚柏科现已成长为国内电子数据取证行业龙头和公安大数据领先企业、网络空间安全及大数据智能化等领域的专家，业务领域由传统的网络安全部门向监察、税务、海关、市监、应急等行业拓展，并不断向民用市场延伸，服务范围覆盖各省、市、自治区及部分"一带一路"沿线国家和地区。美亚柏科生态模型如图1-1所示。

二、利用平台数据，助力打击犯罪

作为一家致力于为各级司法机关打击犯罪提供电子数据取证产品及网络信息安全、信息网络解决专业方案的企业，美亚柏科通过对平台数据的收集与整理，将大数据与人工智能运用到安全工作中，丰富了原有的信息方案，拓宽了发展之路。美亚柏科还在智能装备制造方面不断深耕，有针对性地生产各种安全特种装备。美亚柏科已经研发出"手机云勘大师""云勘大师""汽车取证大师""物联网取证大师""美亚大脑"等新产品,同时也带动了"取证航母""取证大师"等产品的更新换代,电子数据取证产品已由网络安全逐步向刑侦、监察、税务、军工等领域延伸。

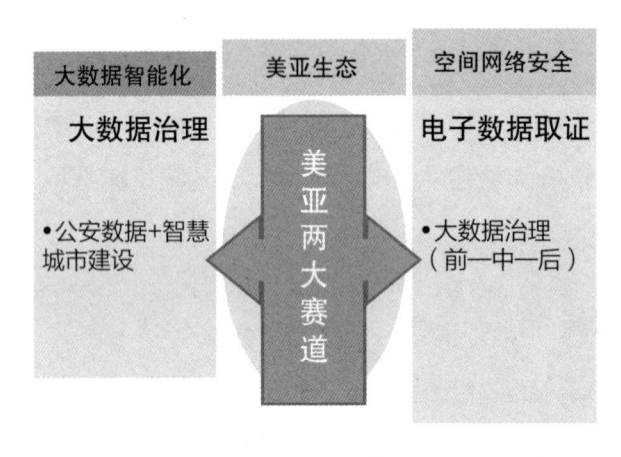

图 1-1 美亚柏科生态

三、数字引擎驱动数字经济多元化

在服务的过程中,为了平台的交互与融合,也为了更好地帮助客户快速落地实施数字信息的智能化,美亚柏科进行信息网络安全培训,实现线上与线下两种服务教学,打造了享誉国内的信息网络安全人才教育基地。同时,美亚柏科也走出国门,不仅提供信息网络安全服务,也实现了点对点异质性的服务落地,得到客户的认可与赞誉。

四、打造数字云,为未来的发展打下坚实基础

美亚柏科紧抓战略性的大数据资源,打造独有的数字存储设备,可更加高效精准地分析数据,搭建起了大数据智能化平台,如"公安大数据平台""城

市公共安全管理平台"和"民生大数据平台"。在这个数字时代，美亚柏科早早洞悉数据是主要战略资源，并且提前做好数字化转型的准备，为未来取得数字经济的创新打下了坚实的基础。

五、总结与启示

第一，数据是核心资源。数字经济时代，谁拥有数据谁就拥有核心资源。数字化转型中大部分的创新与价值裂变需要数据来做基石与保障。数字化的思维与架构是企业的新赛道，也是企业在数字经济中制胜的重要支撑力量。

第二，创新是数字经济时代的主基调。数据引擎驱动创新，创新发生在每一个细微环节之中，要更加贴近终端，实现定制化与个性化的服务，让客户满意。为客户服务与让客户满意的同时，在反馈的信息中又可获得创意与创新。

第三，数据的交互让价值裂变。数据的汇聚产生了新的核心资源，从而给企业带来无限的可能，在交互中多站在对方角度来看自己，就会有更多更好的机会被掌握在手中，也就把握住了企业的未来。也就是说，在数字化时代，共生、共享、共赢贯穿于整个数字经济的命脉中。

（资料来源：笔者根据多方资料整理而成）

第一节　数字经济内外变革的"涅槃重生"

以云计算、大数据、物联网、人工智能、5G为主的新一代信息技术及其不断融合与迭代升级，为数字经济提供了快捷响应、敏锐洞察、快速决策的条件，推动了全社会经济的大融合与整合颠覆。数字经济让价值的裂变成为常态，并重塑了整个商业模式，构造出更加宏伟的经济新蓝图。对数字经济的大潮流，任何企业都不可能置之不理，置身事外会让企业渐离经济发展主航道，甚至不得不被动退出。随着数字经济场景不断拓宽，技术创新崛起，未来经济发展的模式出现了新变化，企业内外的边界已经淡化，无边界开放共生的新业态成为主流，而且，未来区块链去中心化将更加白热化，成为一股无法逆转的巨流。

中国信息通信研究院发布的《中国数字经济发展白皮书（2020年）》指出：数字经济是以数字化的知识和信息作为关键生产要素，以数字技术为核心驱动力量，以现代信息网络为重要载体，通过数字技术与实体经济深度融合，不断提高经济社会数字化、网络化、智能化水平，加速重构经济发展与经济治理模式的新型经济形态。

数字化正以史无前例的速度与模式推动经济的变革，影响全球经济发展形态，云上工作与生活、5G远程智慧医疗、无人工厂……数字经济已经深度融入社会与经济发展的各个领域，数字产业化、产业数字化、数字化治理、数据价值化经济新架构已经呈现在所有人的面前并颠覆了传统模式。

数字经济关系到新业态与新的商业模式，颠覆了传统的行为与思维方式。企业管理者只有建立数字经济的思维模型与架构，从发展创新的视角全方位审视当下的场景,才能拥有科学的数字经济意识,才能谋划出企业未来适应数字经济发展的成长方向和战略。

据估算,2022年中国数字经济规模将超过48.9万亿元,占GDP的比重将超过40%;到2030年,数字经济占GDP的比重将超过50%,中国将全面步入数字经济时代,数字经济将成为国家经济发展的重要支柱和经济增长的关键力量。发展的迅猛让人应接不暇,我们正经历着超越之前任何时代的不可逆转的新巨变。如图1-2所示。

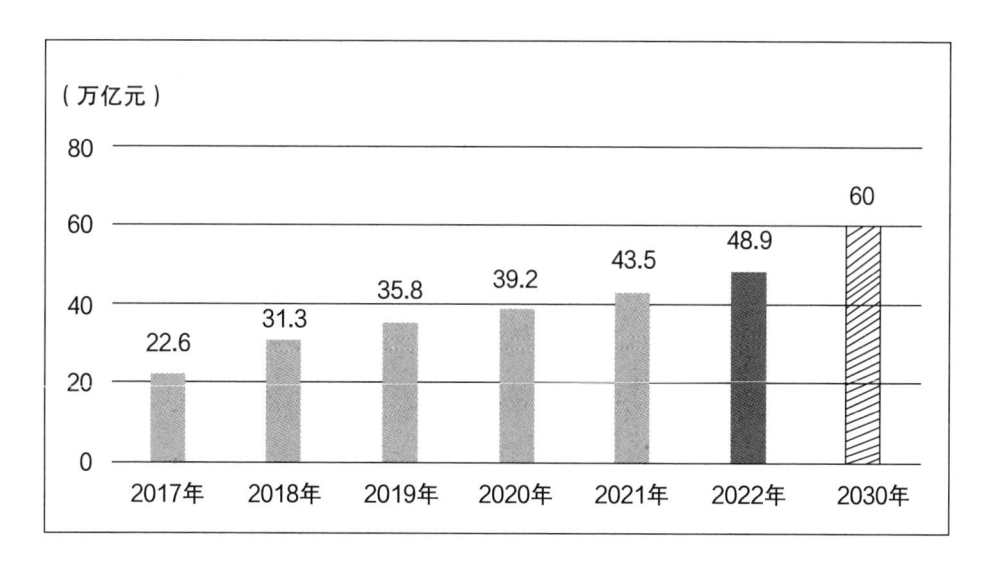

图1-2 中国数字经济规模

资料来源:中国信通院、中商产业研究院整理2017年至2021年中国数字经济总体规模预测

一、价值重塑的战略定位

大数据是数字经济的根本，并日渐成为经济发展的命脉。数字技术改变的是传统"闭门造车"的发展模式，打破的是"坐井观天"的视野狭窄。有广度、有深度的数据自由流动，不可逆转的新业态模式，是数字经济的本色。数字经济的发展不再需要保护的壁垒，无论对是技术资源还是其他资源。数字经济时代朝夕万变，固守着眼前所谓的独有技术，保护措施即便如铜墙铁壁，也有可能出现如柯达与诺基亚一样的大厦倾覆，只有更加开放、融合、协同，才能日新月异，才能创造新的机会，才能产生新的价值增量。

就如淘宝，通过日积月累的数据汇聚，科学的分析，精明的洞察，实现了共生共享的协同创新。数字经济的基石是数据，对海量数据的洞察是其他人难以抄袭的。拥有数据资源，就拥有数字创新之本；有了数据洞察能力，就有了科技创新的引擎，在此基础上的创新也是有深度、有广度的价值创新。

不流动的数据就如一潭死水，不会有波澜，更不会有惊涛，只有像小溪涓涓汇入江河，流入海洋，才会有浪涛不尽。信息与数字流动，才能激发新的能量，才能产生价值的增量，才能获得指数级的增长。

数字经济时代对价值的认识发生了变化，传统上多注重利己行为，忽略了价值的双面性。仅把企业利益与所得看作价值，在数字经济时代将阻碍企业持续健康的成长与创新。只有把价值认知的视角放得更加广阔，才能获得最好的价值，才能打开价值的多维空间。价值不仅是企业的利益，也是企业成员与合作方的共同利益。对企业来说，特别是对数字化转型中的企业来说，清晰了解价值在数字经济时代的真正含义，才能使企业全员乐于参与价值创造，才能实现数字时代价值的深度挖掘与广度拓宽。

从另外一个角度来说，数字经济时代数据成为企业核心的战略资源，数据的存量与增量成为驱动企业创新的基础与力量源泉，故而企业需要从信息、知识、技术的获取来努力，提高企业的知识整合能力、搜索能力、敏捷反应能力、组织学习能力等。敏捷反应能力与捕捉信息的能力至关重要。

二、平台生态的策略构建

数字经济时代，数字化重新界定了竞争的概念，各行各业的边界更加模糊，谁是合作者、谁是竞争对手也愈加难以区分，昨日的竞争者极有可能成为今天的合作者，企业间的关系在竞争与合作中不断转变，形成数字经济时代混沌的竞合关系，也可称为混沌模式。当然，颠覆的竞争关系也成了促进平台企业快速成长的主要因素，减少了更多的中间环节，使企业能够找到新的渠道与新的供应商。

数字化改变了竞争的本质，需要多方在平台模式与生态中共享和协同创新，强化合作的纽带。在数字经济转型中，某一方面的竞争对手，可能是潜在的另外一个领域最有价值的合作伙伴。

平台模式改变了竞争格局，供应商、分销商、竞争对手之间都是竞争与合作糅合在一起的竞合关系。平台模式下不再是完全的零和博弈游戏，各主体不是为了单纯击败对手，而是要在竞争中获得协同共赢，形成在竞争中共同"分饼"的模式。平台模式逐渐成为推动竞争对手展开战略合作的动因，企业与企业之间有着深深的羁绊，必须相互合作，彼此的产品和服务相互关联，你帮助我成长，我成就你的未来，形成多维度竞合成长的"混沌"创新。平台模式使行业边界更加模糊，企业也可能在不相关的行业中发现新的蓝海并能够去新市场竞争，从对称性竞争向非对称性竞争转变。例如比亚迪，它到底是汽车制造企业，还是新能源电池制造企业，你无从下结论，它正通过平台模式游走于不同位置来实现创新。企业在平台模式下，不能把目光盯在竞争者身上，而是要从相似的产业或产品与关联行业和产品的细分处找寻更加擅长创造的价值。

平台模式也是更好地去中心化的模式。信息的公开与数据的共享，让企业去除了中间环节，有效节约了成本，找到了更加合适的合作者与供应商，加快了企业资金的流动，降低了产品的积压而导致的高成本，也创造了更多的利润空间。

平台模式也给企业转型提供了可能。在融合与交互的平台模式中，边界被打破，跨界成为可能，参与其中的交互者可以自由共享自己的知识与见解，相关的知识与信息极有可能被参与其中的人员获得，成为其创新突破口与画龙点睛之笔。此过程在数字经济时代就是赋能，亦即通过融合与互通，实现知识与信息的新价值。

平台模式也是增加知识存量与增量的基础。平台模式打破了传统的边界，企业与外部连接也是无边界的，任何人与相关利益方都有可能参与进来，他人的技术瓶颈与难题亦有可能给企业带来新的创新点。通过交互与融合，潜在的知识、经验、信息成为企业新的资源，让企业的创新成为可能。参与平台交互，让同一个知识或信息给不同的主体带来不同的价值，有时仅能获得知识或信息，有时可能获得颠覆性创新。

三、跨界融合的策略实施

数字经济时代，原有的资源已经无法满足企业创新的速度要求。随着创新速度的加快与技术提升的复杂化，内生性资源的创新受到各方面的制约，产品生命周期更短，碎片化的知识难以发挥作用，因而企业要通过跨界融合获得内外部异质性的资源，拓宽获取知识的渠道，并通过融合与协同实现内生性资源的再创新。在数字经济时代，坚持用固有核心资源来创新发展，会受到制约，企业需要打破固有思维，打破原来的保护壁垒，通过跨界融合获得潜在的机会，把隐性的核心技术与知识显性化。企业应将各类繁杂的信息进行跨领域、跨行业的有效管理与整合，通过知识的提纯、知识的吸收、知识的利用三个步骤，形成主体企业的创新知识体系与架构，实现跨界融合的价值裂变，提高技术和知识的创新能力，走一条主体企业内外双循环发展之路。

具备虚拟性与高附加值的数字经济，让同一产业内各环节与不同的经济实体之间的关联更加紧密。信息的交互与融合，可加强企业主体在不同行业间的融通能力。数据的倍增，无论是相关企业，还是非相关企业，都可以从中找到协同的资源与机会。大数据、5G、云计算、人工智能等新型信息技术和经济创新融合的日益深化及其不断演进与升级，也势必为企业的跨界融合提供更加便利的条件，为企业精准创新打下更好的基础。

数字经济的核心要素——数据作用的发挥，裂变出新产业、新业态、新模式，同时也利于主体企业借助新技术对传统产业进行全方位、全角度、全链条改造，提高全要素生产力，为成功实现跨界融合提供所需的创新要素。

主体企业需要从以下几个方面来思考跨界融合。

第一，为数字化打造网络基础。数据来源于网络，来源于平台交互，故网络基础设施的重要性不言而喻，没有网络或平台做地基，也就没有数据的汇聚与价值的产生，也很难有跨界融合的机会与条件，加快创新网络支撑服务平台建设是重中之重。

第二，赋能数字化。要从产业基础开始，以服务他人与让他人成功的原则发展数字经济。从更高的视角就是要从人民生活基础的方面来推动数字经济发展，为人民谋利，为产业添砖加瓦，助推全民健康和绿色生态与便利的生活，加快传统产业向数字化转型，为他人赋能。

第三，数字经济下的共赢之道。数字经济的繁荣要以数字化合作生态为基础。要打造功能互补、良性互动、协同攻关、开放共享的新型合作机制，与产业链上下游企业签订战略合作协议，开展广泛合作，共建行业生态。

第四，主体企业要加快数字经济关键领域的跨界融合人才队伍建设。快速创新是数字经济最基本、最活跃的属性，企业打造与数字经济发展相适应的人才体系，是抓住此属性的关键。主体企业要加快高端人才的引进、适用新型创新人才的培育、创新型人才的培养，提升一线员工的技能，使其与数字经济相匹配。企业要继续在数字技术、信息技术领域加强技术发展和人才储备，加强跨界管理的综合性人才培育，形成创新型、专业型、管理型兼具的人才队伍。

第五，数字经济发展对产业跨界融合具有强大推动力。从现实看，数字经济的跨界融合拥有巨大市场。"数字经济+""人工智能+"等模式将存在于每一个产品、每一项服务和每一个经济活动中并不断升级新业态。未来经济结构将不再是由独立的行业相加构成，随着数字经济转型的深入，产业边界会越来越模糊甚至消失，真正做到你中有我、我中有你，从而实现跨界融合与协同创新的双循环发展。

第六，重视跨界融合的管理。可帮助企业快速适应数字经济发展的大环境，适应外部复杂的竞争环境，让企业不断创新，实现螺旋式创新，让企业持续稳定地发展。企业的管理层要重视跨界融合，依托企业的跨界融合来整合数字资源，提高洞察力，实现创新知识与技术创新的产品转化。此时需要的不仅是跨界融合，还要对来自不同领域的知识与技术或信息进行融合管理，提升整合管理能力。也就是说，只有通过有效的管理，在跨界融合整理后才能实现知识赋能，实现融合与协同创新。

数字经济专栏1-1

数秦科技：勇于探索区块链技术

区块链技术已成为数字经济的重要一环，区块链与数字经济相互融合，激发出新的经济活力，也促进了数字经济时代企业商业模式的变革。区块链技术的落地，部分解决了企业间信息不对称与偏离的问题，降低了交易的成本，为利益相关者创造出新的价值，从而创造出一种新型的自治组织管理机制，推动了数字经济时代的新型组织模式的形成。区块键技术催生出"区块链+智能制造""区块链+供应链金融""区块链+工业互联网""区块链+产品溯源"等模式，区块链赋能数字经济形成了新型实体经济形态。

一、公司简介

成立于2016年的浙江数秦科技有限公司（以下简称数秦科技）是国内较早进入区块链研究领域的科技公司，是全球领先的知名数字服务商，同时也是国内探索"区块链+大数据+人工智能"的知名企业。公司始终践行用区块链技术解决实际问题、创造真实价值的宗旨。

二、夯实平台基础，实现多元化发展

数秦科技是国内较早探索应用区块链技术领域的企业，并通过平台连接实现落地。通过平台的交互与数字赋能，数秦科技逐渐创新开发了"保全网""数融平台"和"氚平台"三大核心数字化产品，助力产业升级。企业也借力发展，继续数字化技术开拓，打造新的数字化场景。数秦科技为政府和企业提供了高效、高质量、多元化的区块链技术延伸和解决方案。数字化转型进程的加快，在新基建领域再次深耕与创新，加快了数秦科技数字化产品的迭代。

三、赋能场景，跨域整合

数秦科技始终以赋能客户为主，以为客户与服务端提升技术为目标，坚持把客户价值最大化，坚持将客户在线的满意度作为努力的方向，通过数字化分析与洞察，实现跨行业与多领域的融合，以查漏补缺，找到新的价值增长点。例如，"氚平台""氚 Tritium"是数秦科技结合大数据与区块链技术开发的一款产品，是价值互联网核心操作系统，应用"混合云+混合链"技术全面赋能新数字经济建设，可实现对政务公共数据源、私域数据源、业务流程数据源的连接，提升可信安全计算能力与数据分析决策能力，是对商用场景提供区块链快速部署、运维、应用开发与接入运行的基础平台。

四、共享经济，共筑未来

数秦科技内部以共享经济与共享未来为中心，构建数字化企业文化氛围，把握住了数字经济的主命脉。数秦科技致力于在共享中获得赋能，并为客户的未来贡献企业的数字化能力与方案。

（资料来源：笔者根据多方资料整理而成）

数字经济时代，数据是驱动企业创新发展的动力，认识到数据的本质，是获得更多异质性数据资产的重点所在。数字经济时代数据与信息流动的本质主要体现在三个方面。

1. 信任

人类社会发展已经进入数字化时代，数字化技术的超强禀赋正逐步渗透到人类经济社会的一切活动中，并逐渐成为经济创新的主要驱动力。数字经济是高质量的信用经济，这其中构建可信的价值网络是关键。企业或管理者站在数字经济的十字路口，考虑最多的是安全与隐私，数字化时代万物互联，信息获取便捷性强，数据的安全是众多企业管理者最担心的事。同时，数字经济的关键是共享，数字经济时代需要更加开放，只有共享信息，才能实现数据的集合，才能获得几何级增长的数据，企业才有可能实现数字化转型。没有数据基础，没有数字化和数据化，将无法实现智能化经济。可以说，数据是数字经济时代的"石油"资源。

信任是数字化与数据化的基础，数字经济时代信息与技术以共享融合为主，参与其中的个体或者团队甚至国家，都要基于信任的原则来包容数字信息的共享和连接，没有了这个信任基础，就没有更加多元的数字化创新发展，也难以实现数据的资产化与价值化。

2. 连接

数据可以看作数字经济时代的"石油"资源，但又有其不同于传统资源的特质。数据是非竞争性的，也是没有排他性的，是可以替代的资源。传统资源在使用中不断减少，而数据是可以持续再生的资源，是可以在使用中不断创生的。可以说，数据资源是数字经济创新发展中关键的驱动力。数据给不同的个体或团队带来的价值也是完全不一样的，关键是如何利用这些数据，开发这些数据，激活这些数据潜在的价值。并且，在获取与使用数据的过程中，数据又会因为整合创新发生裂变，实现再增值与倍增。数据虽然是资源，但如果不能较好地连接，是不能单独发挥作用的，它必须与企业、人、技术、组织力量协同在一起才能成为有价值的要素。例如，一组数据经过整合与创新对A企业是核心资源，但对B企业，可能由于企业获取与整合数据的能力不足，未必是有价值的资源。因而，获取能力、整合能力和使用能力是相当重要的，企业管理层要在整个连接过程中通过一系列能力发挥将数据转化为企业的数据资产。

3. 决策

传统的管理决策大多基于经验，因而决策风险是难以控制的，成本与代价也相对较高。而基于数据分析的决策是精准化与量化的，数据驱动的数字化治理感知能力更强，科学决策相应的风险也是可控的，成本的节约也是必然的。所以，企业管理者要摒弃传统的思维模式，敢于突破。

可以说，数字化让企业能够从全新的视角来决策，不再依靠过往的经验与做法，而是基于数字化的量化整合分析，从量化管理的视角来决策。由于是基于数据来做决策，决策效率提升，决策的失误率也会降低，同时决策更加利于实施，不再是空中楼阁式的决策。而且，数据来自细节，因而决策的效率更高、更精准，也更利于推行。从这个角度来看，数字化时代的管理者需要懂得用数据，更要懂得鉴别数据。具有数字化思维的管理模式是数字化转型的关键。

数字化时代数据的三大本质，给了企业管理者推动数字化转型的三个支柱，也给了企业管理者看待数字化转型全新的视角。数字化转型可以说是势在必行，这不是选做题，它给企业带来的价值与意义都是前所未有的，它同时也让企业对数字经济时代的组织架构产生了全新认知，推动了传统

"金字塔式"管理架构向"倒金字塔模式"与服务为主的管理新业态的改变,加快了数据在企业中的整合与创新,带来了新的创新与发展,实现了新业态下组织与架构的重塑。

第二节　数字经济发展路径的"破茧化蝶"

数字经济的发展是不可逆转的洪流，也是驱动企业不断创新与发展的引擎，数字经济的发展是需要全要素参与的新变革。作为数字经济的主体，每一个企业都需要认清当下，看清形势与未来，融入数字经济的变革之中。数字经济给企业带来诸多可能，也让不可能变成可能，只有想不到的，没有实现不了的。数字经济给企业带来的机遇与利好需要管理者用积极态度来迎接。

一、发展内因：创新驱动

传统的创新一般采用内部研发模式或产学研结合模式，科技研发与创新都是单边的，研发的速度相对缓慢，同时，研发面对的是全面的客户与市场，而市场响应是基于过往的经验的判断，因而创新的风险较高。而数字经济以数字化为基础，是对海量数据采用科学算法，快速精准定位，这样的创新是开放的，接近定制化的，是全产业链所有企业要参与进来的。数字经济创新是集成的，也可以说是集体智慧的创新，这种创新是"数字化—数据资产—价值裂变—数字产业化"的过程。如图1-3所示。

数字化 ➡ 数据资产 ➡ 价值裂变 ➡ 数字产业化

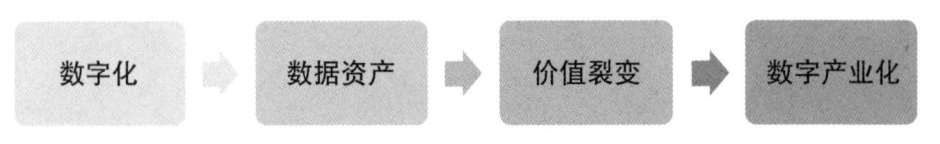

图1-3　数字经济时代创新路径图

创新的驱动力来自内外数据交互，是各方集成的大智慧。创新涵盖管理创新、组织创新、技术创新、产品迭代升级、供应链创新、财务创新、营销创新全要素。

由于创新由内外交互数据转化为数据资产驱动，创新的成本低、转化成功率高、速度快、营销更加精准、服务更加到位，从而又形成一个可继续创新的大场景，让企业在数字经济中更容易成功。

而且，数字化时代的创新不同于传统意义上的创新，传统意义上的创新一般指相对较大的项目创新，数字化时代的创新更加关注细节与细微之处，是多层次与多维度的创新，更是以小见大的创新，是时刻发生的创新。由于数据来自各个环节与各个层面，数字化时代的创新也是有针对性的和科学性的，是相对高效的，极易满足客户特有的需求和细分市场的需求。

二、发展技术：数字智能

数字经济以数据为核心，企业都要为信息转化为数据进行基础搭建。传统企业通常用EXCEL工具进行分析，用文字记录情况，无法实现在线即时分析，对问题的改善与决策也无法满足快节奏数字经济的要求。企业要把制造环节接入相应的企业智能化管理平台等，实现在线数据的即时收集，把繁杂的文字工作数据化，便于在线数据即时分析。精准的算法可帮助企业及时发现制造环节中的问题，从而进行风险有效管控，及时快速在线干预，实现智能化管理，杜绝潜在风险，大大降低成本，同时也为管理者高效决策提供科学精准的参考数据，让数据产生价值。

从企业长期经营的视角来看，原来的单一数据来源已不能满足企业数字化的发展要求，不能快速响应市场的变化，也不能有效满足客户个性化或定制化的需求。因此，企业要顺应数字经济潮流，构建以大数据智能化运用为核心的大数据平台，实现企业内外跨行业、跨部门、跨系统、跨级别的全产业链数据集成与运用。以数据智能化分析与挖掘，可视化的展现与运用，助力企业管理者决策，实现数字化与智能化，并赋能企业各个细节。

数字化转型过程中，智能化是数字化的前提，数字化是智能化的创新，两者需要并轨前行。没有形与质的智能化为基础，数字化转型是举步维艰的。因而，在转型过程中，管理者要高瞻远瞩，练就数字化思维，确保企业不会偏离正常轨道。

数字经济专栏1-2

怡亚通：数字技术赋能企业再腾飞

企业数字化指在新一代数字技术的支撑和引领下，以数据为关键因素，以价值释放为核心，以数据赋能为主线，对产业链上下游的全要素进行数字化升级、转型和再造的过程。企业数字化可实现数字化赋能，突破发展的瓶颈，帮助企业走向繁荣。

一、公司简介

怡亚通公司（以下简称怡亚通）成立于1997年，随着数字化时代的到来，怡亚通从长远出发，积极融入数字化发展的创新进程，目前已成为极具竞争力的整合型供应链综合运营服务商。

二、转型突破

2017年，怡亚通已经洞察到互联网发展的潜力，为了拓宽市场，争取获得数字化经济更大的"蛋糕",怡亚通在企业内部推进智能化系统与智能化设备落地实施,让数据资源为数字化的实现打下基础,也为迎接数字化时代的到来创造有利条件。数字化经济,数据是资源,谁拥有数据,谁就能在数字化时代掌握更多的话语权。怡亚通作为全球知名的供应链企业,必须积累数据资源,才有可能为智能化供应链的实现创造先决条件,实现科学精准的供应链管理与决策,解决传统多节点对接造成的浪费问题,极大提高供应链的速度与效能,也最大限度地减少浪费。

三、双轮驱动

基于供应链与互联网,怡亚通打造了企业的共享供应链上的云经济平台,采用"供应链+互联网"的数字化模式,实现了线上线下的融合协同,从而也实现了数字化供应链的开放与双向赋能。对内重塑整个链条,解决缺失与资源浪费,提高管理决策能力;对外打破边界,以赋能思维为主,让供应链更加透明化与去中心化,为企业实现精准供应链服务和供应链价值创新添砖加瓦,进而实现供应链共享平台的经济效益。

四、平台崛起

基于"互联网+"模式,通过对数据资源精准分析,怡亚通以自身供应链数字化平台为基础,拓宽到多个领域,逐渐衍生出"供应链+供应链式金融服务""供应链+连锁加盟/智能零售""供应链+营销联盟""供应链+品牌孵化""供应链+科技",真正实现了平台资源全产业链、全要素的价值裂变,实现了平台价值崛起。如图1-4所示。

图1-4　怡亚通数字化平台

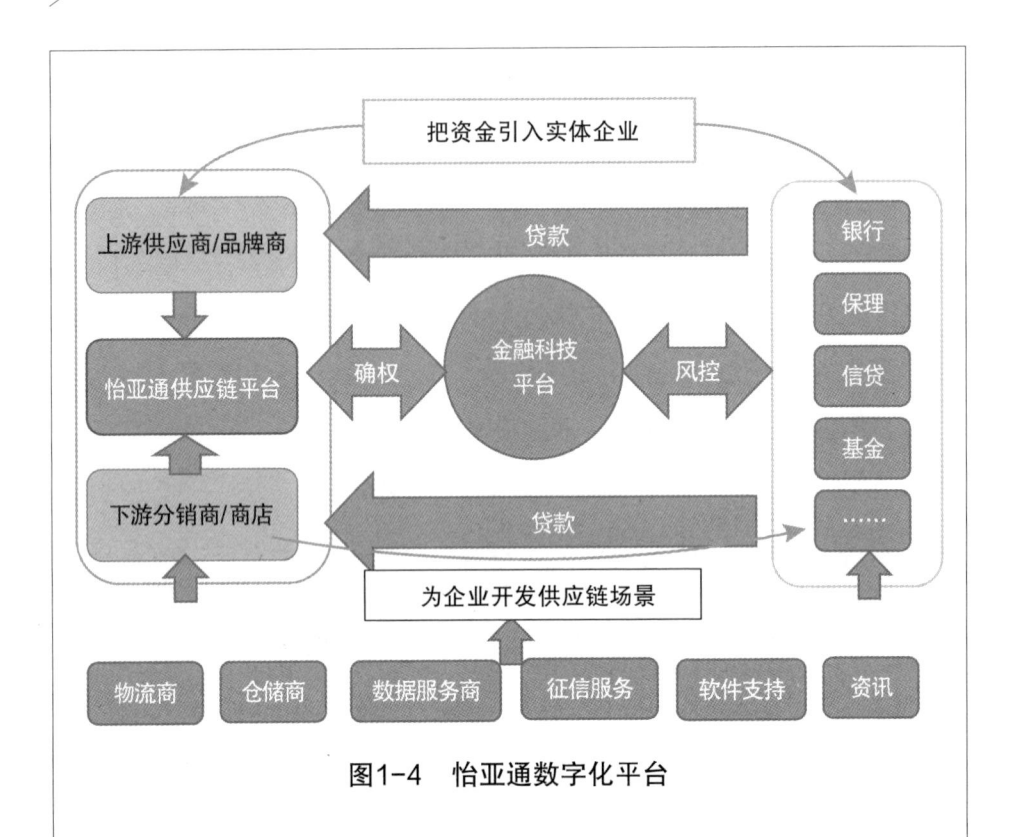

第一，供应链+供应链式金融服务。以供应链载体和供应链金融服务为双引擎，打造出供应链式金融平台，依托数据的可靠性，为上下游相关产业或服务商提供金融协同服务，为第三方提供资金的借贷或融资等，实现了数字资产价值，促进了多方利益。基于去中心化与数据可靠性，也减少了坏账的可能性。

第二，供应链+连锁加盟/智能零售。平台数据资源使怡亚通打破传统供应链模式，走出来实现市场的延伸，从而建立了全场景服务渠道，为品牌创造了价值。通过资源的整合，怡亚通也走到市场最前端2C市场，打造了集连锁加盟、产品采购、品牌服务、营销支持、增值服务等功能于一体的连锁加盟综合服务平台。

第三，供应链+营销联盟。怡亚通基于专业团队与数据资源的价值最大化，也基于数据资产价值化，本着赋能的原则，通过公司的"供应链+营销"平台向上为产品制造商提供多方位支持，向下为营销提供可引导消费的数据信息，以实现爆发式传播与裂变式营销。

第四，供应链+品牌孵化。为了发挥怡亚通供应链平台品牌数字化的影响力，怡亚通通过平台为前后端合作伙伴提供品牌营销策略等协同支持，帮助中小品牌做大做强，实现平台品牌孵化价值。

第五，供应链+科技。怡亚通通过供应链平台资源，赋能科技企业与孵化创新型企业，以供应链为载体，以数据资源为资产，助力深耕相关产业的数字化集成，推进科技创新与科创型企业的成长，从而助推数字化经济价值增长。

（资料来源：笔者根据多方资料整理而成）

三、发展逻辑：去中心化

数字经济是通过对大数据（数字化的知识与信息）的"识别—选择—过滤—存储—使用"引导并实现资源的快速优化配置与再生，实现经济高质量发展的新经济形态。在数字经济时代，每个人都是数据的制造者，我们每天的衣、食、住、行、娱乐，只要使用电子产品或平台，数据就会被收集并形成资源。

数字化可以对企业里面的每一个成员、每一个制造环节、每一个产业链节点等产生的数据与信息进行汇聚，形成企业的数字资源，解决用传统方式收集数据遇到的问题。在掌握数字资源的前提下，企业可以直接看到某一端点，也可以直接对接某一端点。例如，掌握基于销售端点的信息，了解客户个性化需求，就可以实现产品定制化和异质性，减少"撞衫"的可能。

随着区块链技术在数字经济中的运用，去中心化成为必然，这将大大节省企业成本，增加交易透明度和公平性，实现"资产跨链+智能保护+信息合约"，让所有用户都可以自主使用与控制自己的数字资产，构建数字经济基础。可以说，去中心化是数字化转型中能够为企业带来更多价值和效能的关键因子。

四、发展工具：资产链

在数字经济时代的经济交易中，资产形成的整个过程都能被记录下来并实现数据溯源，资产可信价值不再以品牌为基础，而是用数据资源背书，资产回归价值本身。换句话说，数字经济时代只要产品有价值，便无须担心市场响应问题，产品物有所值，生产过程可以追溯，眼见为实，就足以让市场交易更加容易。例如，一些高端农产品对数字化信息使用，增加了客户对产品的认可与黏性，给农户带来了更好的收益。再如，外卖"可视化餐厅"，通过网络订餐的用户点击商户信息即可看到餐厅VR全景和后厨备餐直播，实现可视化订餐。企业这样做，增加了互信度，也就拓宽了市场。

在数字经济时代，交易双方都处于端对端交互的创新市场中，制造方在制造前就已经清楚使用方的需求与需求量，从而也就降低了库存的积压并能加速资金的流动。在交互中达成的协议，让供需更加平衡，实现了资源配置的最优化。

数字经济中，企业生产数字化与智能化的实现，使产品信息追溯、生产细节可视化成为现实，即时的数字化信息让企业对产品的流动信息掌握更加详尽，方便了供应链优化，使端对端的服务更加有效与精准，实现了资产链控制权分散、全球性流通、物有所值、供需平衡，从某种意义上也拉近了客户与商家的关系并增强了双方的信任度，扩大了产品市场和提高了客户满意度。

数字经济专栏1-3

紫光集团：数据裂变下的创新价值

一、公司简介

紫光集团（以下简称紫光）是主营信息电子产品的高科技A股上市公司（紫光股份，代码：000938），也是数字化转型较早成功的企业。

二、数字化的引领者

紫光基于自身的技术平台与数据资源，清晰认识到数字资源对企业的战略意义，成为数字化转型的引领者。基于大数据、5G、人工智能等技术，紫光在智慧医疗、智慧教育、智慧制造、智慧建筑、智慧城市及能源互联网领域都获得了较好的发展。

智慧医疗采用AI诊疗技术，实现了一站式智慧医疗服务；智慧教育基于"云—边—端"的体系架构，以涵盖数据中台、业务中台、AI能力中台的区域智慧教育云平台为核心，服务于因材施教、智慧校园、教育治理等核心应用场景；智慧建筑将数据赋能与数字化创新相融合，打造智能化建筑引擎，在北京大兴机场智能建筑项目中提供了计算、存储、智能连接、安全、云技术等在内的完整解决方案。

三、从芯到云数字化布局

早在2018年，紫光就提出了"从芯到云、紫光芯、强国梦"的数字化转型战略。紫光在夯实芯片创新制造的同时，也看到了大数据、物联网、5G、人工智能等技术带来的更大空间。紫光将产业与云计算融合，发挥产业优势，创新成果涉及公有云、私有云、混合云，以及行业云、城市云等，以云平台为支撑，以运营服务为引擎，以生态发展为龙头，持续推动数字化转型与产业升级。

四、为数字经济赋能

数据就是核心资源，数据就是企业进入数字经济时代的战略资源。紫光以数据为核心，通过数字化技术的创新和产业生态的培育释放数据价值，成为数字经济时代的引领者。依托"云+5G+AI"，紫光加速数据的流动与协同，推动技术的创新与迭代，在产业数字化与数字产业化转型中为企业和行业提供所需的数据、算法、算力，为企业插上了数字化和智能化的翅膀。

（资料来源：笔者根据多方资料整理而成）

五、发展机制：协同合作

企业通过数字化转型，可实现内部跨部门的协作，打破传统壁垒。而且企业所有人都可以通过企业的数字化平台参与到交互中去，沟通与协作会更加顺畅，打破传统职级权力的限制，互通有无，人人都可以对企业的各个方面提出合理建议或指出不足，由此实现管理创新、组织创新、技术创新、流程再造。通过协同可最大限度地挖掘现有人员的价值，把合适的人放在合适的位置，盘活闲置的资源。管理者不再是传统意义上的管控者，其功能转化为洞察价值信息，提供资源转化为资产的条件与资源支持。

协同合作中，人人都可被视为企业潜在的资源，企业的创新与发展也可获得一日千里的进展。外部协同合作更能给企业更多的机会与空间，使企业能够利用一切有利资源，通过整合与创新，打破利润天花板，拓宽盈利的新赛道。

在数字经济时代，协同合作是不断创造奇迹的法宝，通过协同合作，可实现产业链上全要素的价值裂变。协同合作打破过往以某些人或某个团队为主要创新动力的模式，形成的是全要素与全员的协同，不仅能够发挥企业内全员的协同效能，也能融通产业链或潜在服务者的协同能力，实现真正意义的"命运共同体"的价值和效能。无论价值大小，只要有利于企业的发展与产品的创新，哪怕是一个细节，也要认真对待。就如华为任正非的创新认知：小改进，大奖励，大建议，不鼓励。要鼓励微创新和连续性创新，把"一杯咖啡，吸收宇宙能量"的协同创新模式发挥到极致。在鼓励创新的同时还要容忍失败，创新就要敢于试错，允许冒险就是允许创新。一家企业，无论大小都要敢于创新，不冒险才是最大的危险。要鼓励更多人参与到企业的协同创新中，实现协同创新效能的最好成果。

六、发展体系：持续改进

对数据资源的智能化分析与洞察为企业创造了无限的空间与机会，对数据的精准分析，也催生了企业更多的创新机会。数据可能存在于产业链每个环节，通过针对性的分析找到弱点，接下来无论是创新还是改造对企业来说都相对容易且成本较低。而且，在升级与创新中又会产生新的数据、新的需求，也将催生新的创新，由此便能形成周而复始的创新循环圈，也即数据内外双循环的再创模式。如图1-5所示。

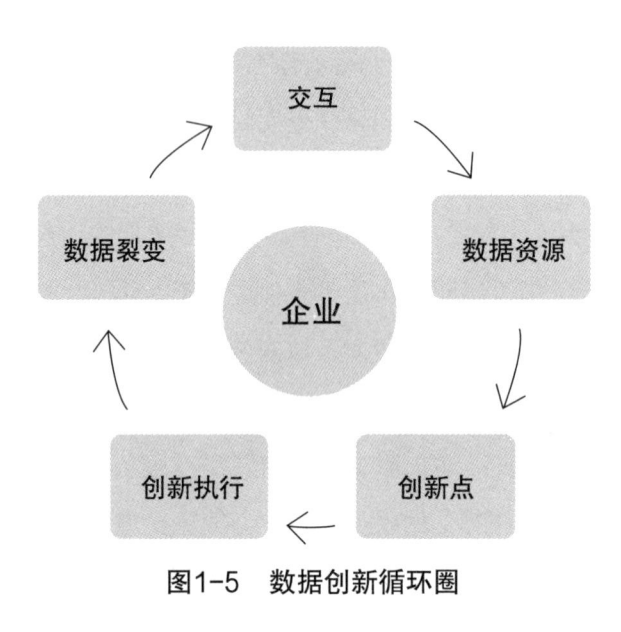

图1-5　数据创新循环圈

在数字化转型中要清醒地认识到，数据每时每秒都在发生着变化，数据上一秒与下一秒都可能有质的不同，故而改进与创新必然是要持续的，而不是一劳永逸的。数字化时代的创新迭代只有想不到，没有做不到，要将数字技术与行业知识深度融合，从解决企业核心业务问题出发，将开放共赢的产业生态深植于数字化转型之中。就如华为徐直军所说："华为数字化走到今天，取得今天的进步，因为有不断的创新。数字化走向未来，实现更加宏伟的目标，还要靠不断的创新，坚持创新永不止。"

第三节　数字经济中管理者的"六脉神剑"

数字化时代到来，数字技术驱动着社会各个层面的巨大变革，数字经济蓬勃发展，商业模式与生态发生巨变，同时也推动着管理的变革与创新。大数据的存量和指数级增长及其多维性，给管理者的决策提供了支持与参考，让管理更加高效和科学，与此同时，管理者的思维和认知也发生了较大的变化。

一、认知重构

对管理者而言，数字经济打破了原有的管理模式，管理者的职能发生了由控制到服务的转变，权力的边界也将被打破，管理架构"倒金字塔"结构逐步形成。在这样的大环境下，管理者的任务重在破界，重在打破平衡，重在赋能与跨界融合。

对企业主体来说，应重视实现全维度互通，让员工的行动和反应更加快捷，让整个系统更加智能化。管理者要改变认知，转换思维与视角，清晰了解在数字化经济中，管理如何实现跨领域、跨层级、跨行业、无边界。管理者要全新认识管理者在数字世界与实体场景中的边界，提升超越行业的无边界思考能力。管理者要跳出来，站在山巅审视数字化时代自身的角色与作用。

在数字经济时代，管理者要尽量减少通过权力施加影响，用数据武装自己，用科学的算法对症下药，做数字化时代管理的数据专家与大师，即用数据来看世界的一切，用数据来决策、创新，以为赋能企业，赋能相关产业链及合作伙伴而努力。

也就是说,在数字经济时代,管理是以数据为重要依据来量化决策,而不是靠一纸命令。数字化也给德鲁克所说的"无法度量就无法管理"提供了佐证,说明应用数据可促使管理提升。当下,BIM（Building Information Modeling,建筑信息模型）、IOT（Internet of Things,物联网）、大数据、移动互联网、云计算等各种数字化技术已经得到运用,并获得了一些成功案例。如亚马逊的AI智能在线对员工的管理,虽然缺少温情与人性化,但给企业带来了数字化转型积极的参考与影响。

二、敏捷时代

数字化时代来临,企业转型成为一道生存题,可以说数字化转型势在必行。数字产业化、产业数据化是数字经济发展的必由之路,两者相辅相成,共同构成了数字化发展的双循环。有了数据,就有了资源,也就有了创新裂变的可能。获得了资源,就需要快速产业化,即实现产品制造并快速推向市场。

数字化时代,机会无处不在,关键是谁能抢先敏锐地洞察机会,并且快速产业化,任何犹豫都会造成与机会擦肩而过。管理者要擦亮眼睛,利用好新技术,从海量数据中洞悉机会,并进行有针对性的分析,练就"鹰眼"。在数字化时代,信息与数据都几近公开,那么关键就在于快速产业化。

管理者需要对数据去伪存真,既要提高自我的辨别能力与认知能力,更要提升团队的敏捷能力。从这个方面来说,对数据进行分门别类的整理,能够在数据分析中找到有价值的知识和信息是获得先机的首要条件。而且,数字化时代技术迭代的速度也要求管理者具备敏锐的洞察力,否则只会让更多的机会流失。面对快速变化的数字化经济时代，管理者必须转型，即管理者提高数字化素养和数据感知能力就成为重中之重。也就是说，管理者必须具备洞察数字时代和洞见数字组织的能力、具备数字化转型执行的能力、具备个人数字能力。

第一，洞察数字时代和洞见数字组织的能力。管理者要理解数字化转型在这个时代的重要性，要认识到数字化转型是必然的选择。数字化给企业带来的价值是无限的，而且潜力巨大。管理者要高屋建瓴地对待数字化转型，不能仅仅是附和。管理者不仅要全面、全方位认知数字化转型，更要全身心投入和参与，找到适合自己的、与数字化转型匹配的点，并以此确定要采取的行动与措施。另外，洞见数字组织是企业数字化转型成功的重要一环，管理者需要通过企业内部培养、学习及训练，打造有洞见能力的内部组织。有效洞见数字组织可以打开生态协同新世界。数字化能力的普及、协同环境、IT建设模式变革等能有效促进洞见数字化组织。

第二，数字化转型领导能力。数字转型领导者要有前瞻性和风险意识，并具备勇于面对挑战并引领数字变革的魄力。具备数字化转型领导能力的管理者能够通过数字创新加快组织变革，支持创新文化，构建更加敏捷和柔性的组织，还能大胆培养、引进、提拔适用的数字化人才，提高全员的数字化修养，并且能利用数字技术鼓励创新与赋能员工，在数字化转型创新中容忍员工犯错，鼓励全员细微创新和连续创新。

第三，管理者个人数字能力。管理者的个人数字能力在数字化转型中至关重要，关系着企业数字化转型的成败。除了一般意义上对数字化信息的捕捉能力、识别能力与利用能力，更重要的是要能以变动的创新思维来提升个人在数字化转型中的引领与创新能力，并且能够创新企业管理模式或业态，让企业内部管理与数字化共生共赢。从这个方面可以说，具有数字能力与有效使用数字信息是有很大不同的，只有把数字信息价值化与收益最大化才是具有真正意义上的个人数字能力。

三、数据深挖

数字经济时代，数据是资源，是企业未来核心竞争力最为关键的资源。并且，随着区块链技术的推广，去中心化日渐成为现实，数据不再是某一个人或某一家企业的独有资源，而是平台中人人都可以轻松获得的。

为了使数据更加有效为企业所用，就需要编码标示，构造序列数据池。数据杂乱没有序列，且没有经过过滤，无用的信息与数据也掺杂其中，会对分析的精准性、系统性有所影响，因而需要建立相应的企业数据平台，对数据进行有序科学的标示与分类。这就如石油矿与金矿，大家都知道有，但具体在哪里，还是需要去分析与勘探的。对一些机密数据，也可以尝试通过授权的方式减少关键信息泄露的可能。

利用数据还需要建立数据存储平台，通过平台相应的规则化管理，让数据收集更加有利于企业，也为后续的使用与创新提供方便。否则，就像知道了石油矿与金矿的位置，若无法快速开采，也不能快速实现变现。步步高数字化转型的突破点就是管理者对数据的管理与运用，步步高利用内部开发的数据运用管理平台APP，进行在线时时管理。如超市里一共有8个收银台，如果在一段时间里客流量不大，只开放了3个，这时收银员工的APP就会提示："现在收银这边的工作量不是很大，但是切肉那边急需人手，你是否愿意放下收银的工作去帮忙？"步步高把这个做法打造成抢单的概念，与员工的薪酬挂钩，极大地提高了整体工作效率和员工的工作积极性。再如，某种蔬菜一个小时都没有顾客购买，APP会提示负责蔬菜的经理去检查看一下菜的情况，找出原因（品质、价格、摆放等）并及时决策

（降价处理等）。如果蔬菜到当天下班时只能报废处理，经理的奖金可能就会被扣除。有了数据就需要管理者能够通过个人数字能力运用好数据，从而促进企业的数字化转型的进程与成功。步步高利用简单的技术手段和掌握的数据，通过赋能基础员工、各部门经理和店长，提高了员工的积极性，实现了优化和协同，降低了运营成本，提高了产品品质，最终为客户带来了价值。

四、专业团队

专业的事需要专业的人来做，故而企业要建立适合本企业、本行业的数字化专业团队，并进行有针对性的培育与管理。在这里就需要管理者有数字化发展的思维，能认识到数字经济对当下的企业意味着什么，而不能把建立数字化团队当作任务，建立象征性的队伍。要有思想准备的是，专业团队的建立需要相应的成本，短时间内也未必能创造价值。

在建立专业化团队之前，管理者要建立数字化视角，只有高层管理者思路清晰，并能带领团队共同努力，才能成就专业的数字化团队，并为企业后续发展积蓄能量。

即便不能建立专业化的数字化团队，企业也要设立专门小组对数据进行管理并建立与企业相适的系统与机制。成立专门的小组与引入专业的人才也是数字化转型的必要条件之一。

五、协同创新

合作与协同是数字化共享经济最重要的创新。数字化经济共享、共融、共生、协同发展是主题，数字化带来的是无边界的、多维的经济新业态、新模式、新生机。在数字化转型中，管理者本人首先要秉持合作与协同的态度，身体力行参与其中，为实现企业跨部门、跨层级、跨行业的融合与交互搭建桥梁。在协同创新过程中，管理者要放低管理权威，低下身来，营造合作与协同的文化氛围，引导全员融合意识，打破框架与牢笼。

新业态下行业的边界、企业的边界、部门的边界与职责的边界已经被打破，行业之间的技术创新与协同发展已不是某家具体企业的事情。企业与企业之间的边界打开，实现技术流通与融合，创新了企业业态，使企业更容易走向新产业或新技术领域。部门之间打破边界，不同专长的人各展所学，可获得个人职业生涯的发展，同时企业得以构建创新生力军。企业内部创业平台生态就是这方面比较典型的案例，这类平台一方面可以激发企业内部潜在的人才能力，打造企业核心能力；另一方面个人潜在能力的发挥又能激发其他人的跨界，从而形成企业内部的赋能新生态。

建立系统科学的激励机制可激发并赋能员工，通过机制的影响，让大家愿意合作与协同，使企业内的资源价值更大化，活力更强。激励机制的建立，需要做到有针对性、激励性、持续性和创新性，不能把激励流于形式与表面，特别是物质性的激励要有促进作用，避免激励产生负面作用。企业要基于本企业的发展，制订切实有效的激励方案，使企业的协同创新效能最大化，能促进企业持续稳定的发展。

六、换位思考

在数字化经济中，企业与客户可实现端对端、点对点精准互通，企业因而能够从让客户体验良好的角度来进行管理与决策。

站在客户的角度看问题，就有了新视角和新思维，参与其中的企业可消除零和博弈的思维，本着共生、共创、共赢来合作与协同。难题与瓶颈不再是客户的问题，而是行业的问题，是大家的事情。大家都以"命运共同体"的意识面对一切，就会处处为他人着想。例如：美锐科技公司的QTA小组在面对客户的新订单时，会从降低客户成本和提升客户技术的维度与客户沟通，虽然过程中有一些难点，但是总能达成一致。企业最终简化了流程，优化了工艺，也提高了产品性能，实现了与客户共赢。由于合作与协同的有效性，很多客户即便面对美锐科技订单饱和，也选择排队等待。

企业要为对方着想，从客户的立场思考问题，从客户的体验与反馈中发现新的市场与进行产品迭代。例如：小米从诞生之初就把客户当作企业发展的根本与源泉，基于与"米粉"多方交互，实现了技术升级与产品迭代，从而使市场更加火爆，并常常能把握住风口。

数字经济专栏1-4

TCL数字化赋能变革之路

随着大数据技术的发展，数据是资源，数据是企业未来的驱动引擎的观念已经深入人心，万物互联、人工智能等新技术逐步走进千家万户，传统企业更要抓住机会，利用好数据资源，实现数字化转型升级，用数据赋能全产业链，实现再次创业，重构新业态。

一、公司简介

1992年，TCL的28英寸王牌彩色电视投放市场，并一炮走红。随后的发展中，TCL在量子、4K、8K及互联网交互电视市场占有一片江山，并在半导体、电子产品及通信设备、新型光电、液晶显示器件方面有很好的发展。

二、数字化转型

面对互联网的发展，人口结构的变化，从2015年起，TCL就意识到数字化转型对传统制造业的重要性。TCL引进高端数字型人才，打造数字化的铁军，通过产品智造来实现产业互联网化，实现与客户的连通，从而触发产品的迭代升级。

三、智能融合，产品迭代

万物互联让消费者追求更加智能化的产品体验，冰箱、空调、洗衣机、电子锁等智能终端设备，都需要语音与人脸识别等技术支持。TCL深耕于此，通过万物互联，带给用户超越以往的使用体验，实现了产品创新迭代，也创新了新业态，增加了消费者的体验价值。

四、云平台搭建

数据是数字经济的核心资源，数据的拥有与运用就成了关键性的问题，TCL基于此搭建起云平台，为更好地收集数据、保存数据、汇聚企业资源打下了基础。通过分析数据与深挖数据，TCL找到了客户潜在的需求并将之转化为产品，提升了企业价值与竞争力，走上了数字化驱动增长的发展之路。

（资料来源：笔者根据多方资料整理而成）

第四节　数字化经济管理对人才"赋能为王"

数字化转型是一次深入与系统的变革，不仅是技术变革，也是文化变革，更是思维方式与管理模式的变革。在这个以个人价值为主的创新变革时代，管理者也要进行一次管理思维的大变革来适应时代的变化。

一、数字化升级：技术变革

科技创新需要人才，特别是在技术迭代快速的数字经济时代，人才的重要性更是上了一个新的台阶。因此，企业不仅要关注人才的短期价值，更要关注人才的长期价值。要从培养人才的持续创新能力和留住人才两个层面来着手人才队伍的建设，而不是仅从价值方面来取舍。一个企业对人才的管理不仅要有理性的机制，还要有人性的温暖。

创新产品与服务必须注重社会价值，即创新不能抄袭和恶性竞争，不能滥用大数据，不能违背创新为善的原则。

在利用大数据时，需要谨守信息安全的边界，不能随意利用大数据抄近路，不能利用大数据垄断市场……大数据不能成为企业唯利是图的工具，而要成为企业创新的根基和原动力，要应用大数据推动产品和技术的创新，要为客户创造价值并推动社会文明进步。

在企业内部也要本着以人为本、科技向善的原则来应用大数据。就如AI智能在亚马逊的应用，其根据在线收集的员工工作时间给予处罚的机制，是有违人性和缺少温情的。企业管理要应用数据优化管理，而不是将数据作为处罚的依据。

二、数字化管理：跨界融合

从人力资源的角度来看，大数据给企业的人才管理提供了精准的数据参考，数字化精准选人和用人成为数字经济时代人力资源管理的创新点。数字经济时代的企业基于大数据加强人力资源信息化与数字化，人与工作任务、工作角色精准适配、动态匹配，并能在动态中不断做出新的尝试与变革。从这一层面来说，用人和选人都从适合的角度来斟酌，打破了传统以胜任力为参考标准的人才选用机制。胜任力给企业带来的可能是人才浪费和能力过剩，稍有不慎就可能使有胜任力的人怠工或产生离职的意愿。在这个过程中，要基于人才价值的最大化和每个人都是企业价值创造者来创新人力管理，既本着每个人都有价值的用人原则，又推动企业内员工的跨界融合，打破部门层级和职责层级的边界，激发员工的潜在价值。

数字化转型过程中，人才的活力和创新性十分重要。企业人力资源管理要打破旧有人才结构模式，打破人才年龄结构不合理，能力结构和知识结构单一的局面。对人才的晋升机制，要打破年龄因素的限制，敢于用人，敢于提拔，打破人才"之"字形晋升路线，可以破格录用，也可以连升多级。虽不能照搬华为的退休机制，但是企业人力资源管理可以从中有所悟有所知，以培养更多的人才，激发更多年轻人的创新。

在数字化转型创新中，不论履历和资格，不论文凭和级别，只要有创新的点子和建议，就要敢于用人，并且提供创新的平台，构建企业内人才跨界融合的新生态。

三、数字化运营：灰度管理

数字化转型中的人才创新驱动包括创新人才驱动和创新价值赋能。

创新型人才的驱动要包容人的缺点和不足，要有更好的容忍度，给创新人才营造良好的环境与氛围，让人才充满活力和创造力，让组织创新激情更加浓厚与长远。这是管理者在数字化转型过程中发挥赋能作用的首要条件。

创新价值赋能是促进创新型人才持久创新的关键，管理者要重视对组织成员的赋能，从培养人才、激发人才、全员创新的角度激发所有人的价值创造潜能与创新力。要转变过往以控制为主的管理模式，重在赋能和激发，让员工发挥自身的驱动力和创造力。

数字化转型中的创新是多维的，有多个层级、多个方面的问题，涵盖更多细节，出现创新错误与失败是在所难免的，在此过程中管理层不能以成本高等理由质疑创新。管理者不能只要白不要黑，而要采用灰度管理模式，更好地容忍错误与承担失败风险。把成功与失败看得过重会打击创新员工的积极性与创新意识，对企业持续创新是不利的。

对数字化转型创新的每一个项目、每一个细节，管理者都要勇于接受失误与不足，给予创新员工更多的空间与机会。管理者不仅要容忍创新失败，还要鼓励员工直面创新失败，从失败中吸取经验，管理者要促进全员创新激情并构建企业内部创新的新业态。

四、数字化创新：共享思维

数据思维重在对数据深度挖掘，从而获取利于本企业创新的知识、经验、技术等，这不同于看一看报表就得出结论，而是需要有敏锐的数字捕捉能力和感知能力，通过对海量数据的分析整理，获取知识、整合知识、转化与利用知识，进而形成企业核心竞争力。

与此同时，要始终以共享思维来参与数字化转型，懂得共享，实现更深层次的创新。从这个层面来说，企业要参与社会化共享、生态化布局，通过与相关平台的连接实现交互与人才整合，致力于全球人才为企业所用，致力于构建数字化时代人才生态体系，致力于构建企业的人才生态优势，实现多维度、多层次的跨界融合。

数字化时代，企业与企业之间的边界被打破，人与人之间的交互是便捷的，行业与行业之间的边界也变得模糊。故而，只有本着共享的思维来对待创新中的方方面面，才能让企业有更好的创新驱动力和持久的发展。

企业领导具有以上数字化管理思维并在管理实践中保持应变的心态，就能确保企业的数字化转型顺利进行和有序发展，并对企业在数字经济时代更好地发展发挥引领作用与赋能作用。

章末案例——科大讯飞：数字经济浪潮里的佼佼者

在万物互联、5G、人工智能、大数据等技术支撑的数字经济时代，在国家倡导数字产业化与产业数字化转型升级的时刻，科大讯飞拓宽了创新发展的赛道，为自己增加了发展机会。2021年《政府工作报告》中指出："统筹推进传统基础设施和新型基础设施建设。加快数字化发展，打造数字经济新优势，……加快数字社会建设步伐，……建设数字中国"。

一、公司简介

成立于1999年的科大讯飞，一个重要经营方向是人工智能与语音技术研究，也即致力于机器能说会听，科大讯飞目前已成为亚太地区较大的人工语言科技上市企业（股票代码：002230）。近几年，科大讯飞坚持"平台＋"战略发展思维，在AI＋多个赛道都有了较好的创新发展，真正实现了用人工智能建设美好世界的可能。

二、AI赛道，人工智能的专家

多年以来，科大讯飞深耕于AI赛道，通过平台与大数据的协同创新，通过不断的学习与补短板，创新研发出比较前沿的科技产品，推出AI＋教育、AI＋医疗、AI＋汽车、AI＋工业制造、AI＋智慧城市等满足社会新需求的新业态模式以及新的人工智能产业链与生态，实现了数字产业化的多层裂变并获得1+1>2的人工智能协同效应。

三、数字赋能

AI人工智能依托赋能人才的理念，以为整个产业生态创新为核心，通过平台来赋能专业的人才与企业，为创造更好的数字经济、实现产业数字化与数字产业化奠定基础，让数字转化为数据资产并为用户或企业带来增值。

四、布局新基建和新赛道

未来的数字经济将以城市为大脑，连接新基建，AI必将给经济社会的发展带来从量到质的转变。科大讯飞意识到AI在新基建中的重要性，提早布局，创造机会。作为人工智能方面的专家，科大讯飞率先投身新基建，创新研发出一系列过硬的新产品，以助力智慧城市与数字城市为焦点，在夯实数字基础、服务刚需应用、助力数字生态、培养就业机会和促进数字经济方面发挥了高赋能龙头企业作用。

五、总结与启示

第一，在数字经济发展的进程中，顺应时代的潮流，抓住机会，也就把握了正确的方向，因此数字化转型就成了首要任务。在转型升级的过程中，做好业务模式、运行模式、人才结构的转型，做好有交互的协同融合，才能真正做到产业数字化转型。

第二，数字经济以大数据为中心，需要强化数据资源转化为资产的可行性，利用好大数据为企业的创新与价值裂变的实现提供支持，把数据赋能产业、团队、个体当作数字经济的重中之重。

第三，数字经济转型与创新中，专业人才与团队是关键。要敢于为天下先，要打造数字化专业人才与团队，能洞察每一个机会的到来，捕捉每一个风口。任何经济社会，人才都是极为重要的竞争力，是不可替代的资产。

第四，数字化转型中要勇于创新。数字经济发展给企业带来更多的机会与空间，在机会到来之际，要敢于尝鲜、勇于创新，借助数据资产进行大胆改革。在创新过程中要以赋能社会、企业、团队、个人等为主要目标，通过激发全要素的价值创新来实现企业再发展，给企业数字化转型与数字经济发展插上腾飞的翅膀。

（资料来源：笔者根据多方资料整理而成）

【本章小结】

本章重点介绍数字经济给企业带来的颠覆性创新要求。企业要认识到数字经济给企业带来的机会与价值，认识到数字经济对管理者的新要求，认识到数字经济中数据资产所带来的一切可能。数字化转型与发展需要全社会各行各业用数据武装思维，用数据锤炼能力，用数据赋能企业。企业应通过内部数字经济系统构建和数据思维能力的提升，打造适合本企业的数字化创新管理团队，为企业的数字化转型夯实基础。

第二章

平台连接赋能

当下经济时代是以数据为主要驱动力和核心竞争力的时代，谁拥有了数据，谁就拥有了世界。无论是互联网企业还是传统企业，都需要融入数字化经济时代浪潮，脱离数字经济，就等于摒弃了这个社会。因此，企业就需要多方举措，搭建自我的平台，融通内外，既可以有效发挥内生资源的新价值，也可以更好汲取外部有利的信息或资源转化为企业的资产与创新的机会，实现新的经济价值与新业态构建。平台连接，创新生态圈，快速连接数据与高效利用数据就是数字化转型中较好的方面，也是数字经济环境下新业态企业发展的必由之路。

互联网精神和硬件的完美结合有三个关键词：测量、连接和智慧。其中，连接人和人的是腾讯，连接人和交易的是阿里，连接人和信息的是百度，第四种是连接服务，所依靠的就是手机这个平台。

——搜狗 王小川

【学习要点】　　连接的认知
　　　　　　　　平台生态
　　　　　　　　平台数字化思维
　　　　　　　　平台促进管理创新

开篇案例——海尔平台连接，创造美好的世界

当下，全球数字经济飞速发展，正在迈入一个全新的时代。以平台连接为主要商业模式的数字经济已演变成企业创新发展和产业升级迭代的新引擎。

一、企业简介

海尔作为中国家电创新优秀企业的引领者，在数字经济时代，积极抓住发展的命脉，搭建起一座工业互联网平台，内部也建立了人单合一模式的创新平台，让企业的创新发展走在前沿。

二、独木难成林，平台连接打开世界

随着万物互联时代的到来、物联网的兴起与AI技术的成熟，海尔管理者高瞻远瞩，洞悉平台连接能够带来无限价值。平台连接后的信息反馈与大数据测量，给企业带来新的创新点，看似简单的数据信息为企业带来无限可能。

海尔打造的生态平台以开放为基础，以物联网为联结，以智慧客厅、智慧厨房、智慧浴室等5大空间内的馨厨、魔镜等"网器"为交互控制中心，将空气、用水、美食等7大生态圈并联起来，为全球超2亿个家庭提供跨场景、全流程的智慧生活体验，既方便客户，也给企业带来无限未来。

在互联互通方面，海尔打造了U+智慧生活平台，其开放的接口协议，可以让不同品类、不同服务的家电接入，实现互联互通。而针对大多数家电被动智能的问题，海尔引入AI技术，让智慧生活平台"拟人化"，能够主动记忆、分析用户使用习惯，不断优化迭代解决方案，从而让家电由被动适应用户转为主动服务用户。

三、平台连接带来了颠覆

海尔秉持走出去的战略思维，通过创建世界第一家电品牌集群，把世界各大品牌聚集在一起，整合形成海尔、卡萨帝、美国GE Appliances、新西兰Fisher & Paykel、日本AQUA等品牌的集群。通过在世界各地建立研发平台，建立了"10＋N"连接模式，互通有无，协同创新，让海尔成了有世界影响力的企业。

四、搭建工业互联网平台COSMOPlat

COSMOPlat是一个以用户驱动为原动力创建的大规模定制平台，COSMOPlat将一流资源纳入平台，能够有效连接人、机、物，不同类型的企业可快速匹配智能制造解决方案。该平台强调用户全流程参与、零距离互联互通、打造开放共赢的新生态等三大特性，用户可以全流程参与产品设计、采购、制造、物流、体验和迭代升级等环节，由此形成了用户、企业、资源三位一体、开放共赢的有机全生态。大量的用户连接到企业就能创造海量的有价值的信息与数据，使企业的创新与核心资源的获得变得容易。

五、内部平台连接，人单合一模式

海尔不但重视外部的平台连接，也重视内部创新管理，独创人单合一连接企业的管理平台与模式，企业员工可以在内部平台自主创业。企业内部平台提供人单合一创业所需要的资源，员工通过平台连接可获得相应的支持（知识、技能、资金等）。人单合一的基本含义是，每个员工都应直接面对用户，创造用户价值，并在为用户创造价值中实现自己的价值。员工不是从属于岗位，而是因用户而存在，有"单"才有"人"。

人单合一重在人人都是企业的主人，都是企业的"老板"，通过内部平台的自由连接可实现员工个人价值与企业价值双赢。

六、总结与启示

第一，平台连接是企业在数字经济时代获得资源的有效方式，企业通过平台连接可快捷便利地获得大数据，从而找到有价值的信息与资源。因为在海量的数据中，同一条信息对不同的人有不一样价值，对有的人不过是碎片化无用的信息，但对适合的人则是有价值的核心资源。

第二，平台连接是企业融通世界、拓宽赛道的捷径。企业通过平台的连接开放融合，就能打开更多扇窗。平台后面的信息与数据埋藏着很多有价值的资源，也能让企业获得核心资源的成本大大降低。平台实现了端到端的连接，信息的黑洞就会减少，对快速创新产品也就更有利。

第三，平台连接不仅在企业外部，企业内部也需要更好的平台连接。企业是平台连接的搭建者与支持者，企业的员工通过外部平台获得技术与知识等创新信息，再通过内部平台获得资源支持，可实现个人的成功。

第四，共享信息，共创价值。基于共享的管理模式打造共享平台，利于产业链相关者参与其中，实现知识融合与再创新，进而必将为企业获得更多的异质性资源带来更好的促进作用。

（资料来源：笔者根据多方资料整理而成）

第一节　平台连接机制

随着数字经济时代的到来，企业需要打破传统的思维来适应数字经济的发展，任何企业都是不破不立的，都需要数字化转型的思维与能力来实现企业的转型升级，让企业适应时代，与新业态共舞。

中商产业研究院预测，2022年我国数字经济总体规模将达到48.9万亿元。数字经济的巨大体量足以说明其发展速度之快、潜力之大，企业需要审时度势，力争在数字经济发展中运筹帷幄，决胜千里。

一、平台嵌入

平台的功能就是实现资源的再整合，通过平台连接可打破传统资源封闭的模式，并通过资源的交互实现资源融合和信息化，进而将资源转化为数据资产。

1. 平台是什么

平台，在当下的数字经济背景下来说，实际上就是行业资源再整合与聚集，连接外部供应商或客户价值，实现潜在资源的有效融合和协同共生的新生态、新模式。通过平台可以将企业的资源聚集在一起，外部企业或个人可以通过接入平台共享与获取可用的资源。平台上的每一家企业都可以通过平台获得所需要的资源与信息，把一些隐性的知识与技能显性化。平台可以让获取知识与信息所需要的时间成本降低，使创新速度加快、技术迭代加速、企业转型升级成效显著。不同的企业或个人可以在平台上获得赋能和创新生态圈带来的价值增量，平台可让技术创新知识的整合与核心资源的获得易如反掌。

数字经济下的平台是基于新一轮科技革命形成的，是以互联网、移动互联网、物联网、大数据、云计算、人工智能及智能设备等为支撑的数字化平台。数字化平台的连接能力强、涉及范围广、运作效率高，拥有强大的网络效应，创造出诸多新功能与新价值。数字化平台以前所未有的力量把人与人、人与物、物与物、服务与服务紧密连接起来，使人们的生活更便捷，使企业创新更高效。数字化平台让远在深山无人知成为历史，使即时在线沟通、便利交易、有效融合协同、财富快速倍增成为现实。需要注意的是，平台不是展示舞台，如果平台不能赋能交互方，无法助力企业用户在成本、效率、质量和创新方面创造实际价值，那就不是真正意义上的数字化平台。

平台不仅可以为企业提供售前、售后、设计、众筹、投资融资等一系列服务，还可以为技术创新或生产流程创建提供相应的支持。企业可以把内部环节的难点信息数据化或者用数据来说明技术的瓶颈和所需要的技术支持，外部的企业或个人通过平台连接，可参与技术攻关，开放式的创新让企业攻克技术难题相对容易。关键是企业要做好平台连接，把整个产业链或生产链信息连入平台。特别是要将一些闲置的资源或无形资源，通过平台的交互、融合盘活，实现平台资源再生价值，这也是共享经济的核心。

总体来说，平台有两个主要的特性，第一是开放，第二是资源。平台就是生态圈，是数字经济共享、共生、共赢的新业态模式。

2. 平台连接是什么

平台连接指利用好平台资源与平台数据，从中获得有利于企业产品、技术、市场等机会，让有限的资源禀赋发挥无限的资源价值的能力。从某种意义来说，即便企业没有独有的平台，还有外部平台，关键是企业是否具有平台连接能力，是否具有适应数字时代的敏捷性、洞察力。当下企业的竞争不再是单纯的产品与制造能力的竞争，数字经济时代需要企业在原有的产品上加大服务的深度、拓宽服务的广度，为客户提供定制化服务并能引领客户潜在的需求。企业要通过交互、共享找到潜在的异质性资源，找到创新发展的机会。例如IBM，通过与内外部的交互转型到服务领域并获得了更大收益，重点为客户的需求创新服务，并深耕服务客户落地与有效执行，从而打开了新的利润空间，获得更好的发展机遇。

从这个方面来说，平台连接主要指企业管理者或者企业全体员工，在平台这个开放与资源丰富的地方，从海量的数据中找到可利用的各类信息的能力。如何通过在平台中的交互实现外部对内部的正面影响，从开放的信息中找到有价值的资源，找到技术或市场的突破口，是数字经济时代整合与利用信息的关键所在，也是实现跨行业技术与信息协同的关键所在。

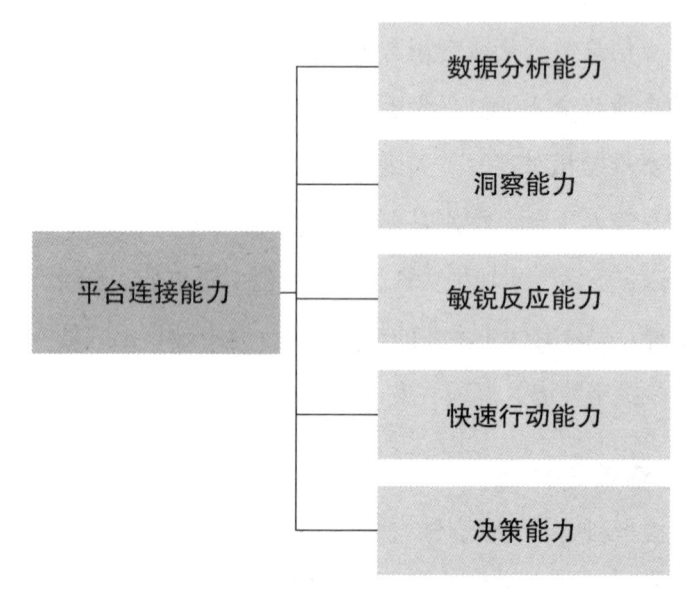

图2-1 平台连接能力

平台连接能力
- 数据分析能力
- 洞察能力
- 敏锐反应能力
- 快速行动能力
- 决策能力

从这个层面来看，平台连接能力包括数据分析能力、洞察能力、敏锐反应能力、快速行动能力与决策能力，如图2-1所示。平台连接能力也指获取有价值资源或数据资产并将之转化为企业价值增量的管理能力，同时也指适应数字经济的发展，提升数字化价值的综合能力集成。

第一，数据分析能力。将海量的平台资源转换为企业的资产或者从中挖掘出有利于企业的资源，需要有较好数据分析能力，能够从碎片化的信息中拨云见日。

第二，洞察能力。洞察能力是基于数据的分析，识别出有价值的信息与资源的能力，伯乐能够识别出千里马，也即能够看到他人看不到的隐藏价值。不同的洞察能力从同一个信息中获取的价值是有天壤之别的，有的人看到的是机会与潜力，有的人看到的是风险与阻力。

第三，敏锐反应能力。在以快为主节奏的数字化时代，快速敏锐的反应是快于他人一步的条件。一般来说，第一杯羹的利润空间和市场广度与深度是后来者无法企及的。就如当下的"网红"经济，在这个洪流中，首当其冲快速反应的第一批网红人是最大的受益者。

第四，快速行动能力。这也是将价值信息或资源转化为资产落地的重要能力，即让有价值的资源在企业内部快速实现，可能是技术升级、产品迭代、服务提升，更有效的是战略的升级与企业的转型。

第五，决策能力。数字化可以实现科学快速决策，这种决策是基于平台连接的数据的反馈，是承担最小风险与实现最大利益的决策。平台连接较好的融合程度，获取整合的新知识，需要更好的决策能力来配合。没有好的决策能力，不利于平台交互融合，也会错失更多的机会，获取的数据与知识将成为沉淀于数据湖中的无价值信息。

以上几个方面是平台连接后连锁反应的能力，缺少任何一环，都有可能使平台连接的价值失效或者削弱平台连接后续的动力。

二、平台思维

平台是基于数字经济时代脉搏创新的结构模式，企业可在外部通过互联网连接世界，在内部把产品从原材料购入到最终出售及服务等数据连接到内部平台，形成大数据资源。

平台是企业创新的新模式与新途径，是企业适应数字经济发展的新策略。在数字经济时代，企业在互联网中都是透明的，需要建立更广更深的根系到市场或客户端去，因而平台也是有效获得市场前沿信息与潜在机会的低成本方式。平台思维就是要敢于共享、协同、连接，不必在意所谓的商家秘密、技术壁垒。只有具有这样的平台思维，企业才能更好地创新，才能实现前沿技术的破壁再创新。

平台思维就是破掉自我，就是破掉小我成就大我，就是敢于打破原有的规矩与模式。不突破不共享，路只能越走越窄。敢于突破"围城"，突破"黑箱"，用共享、协同、连接的思维与做法去经营企业，企业就容易获得核心的资源和有竞争力的技术与市场，"破茧成蝶"是需要平台思维的。数字经济时代，拥有平台思维是企业管理者实现创新发展的前提。

平台思维是数字经济时代互通、互联、协同共创的网状思维，引领的是开放、共享、共赢、协同的工作方法。平台思维的精要就是要敢于创造多边融合的、共赢的、共生的生态圈，通过资源的汇聚与再整合，深度挖掘与协同，实现价值倍增。平台思维可实现资源最优配置与再优化，实现企业数字化转型中用360°视角对市场资源进行再整合。

平台思维从9个维度来实现价值的再定位，如图2-2所示。平台思维不是做大而全，而是做到动态中的独有，即他无我有、他有我新、他新我独、他独我转，用自己擅长的方面，洞悉企业的弱点与不足，将非关键性的资源外包或协同，打造产业链模式。

（1）客户定位。通过资源的整合，找到关键客户。

（2）价值定位。通过自我分析与产业链整合，发现自己的优势（产品、技术、服务等）。

（3）销售链条与渠道定位。精准定位销售的策略与方向，智慧化供应链的实现。

（4）客户关系定位。找到优质客户或定制化客户的需求与关系融合。

（5）核心资源。通过平台数据，找到企业核心战略资源与核心能力。

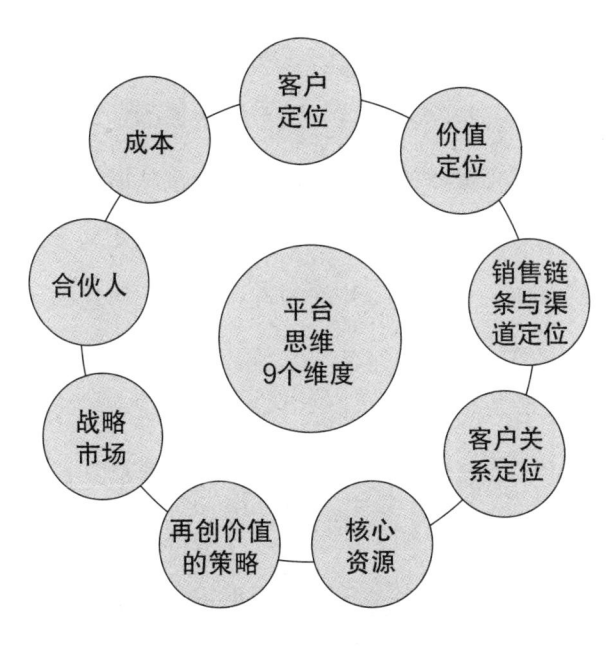

图2-2 平台思维9个维度

（6）再创价值的策略。深耕产业链，通过共享、共创、协同找到再创价值的方向与策略。

（7）战略市场。精准的市场定位，找到未来的战略市场。

（8）合伙人。平台思维重在员工再创价值，人人都是创客，都是企业的合伙人。合伙人还包括产业链上的协同共赢伙伴。

（9）成本。管理成本重在再创新价值，只有新的价值才能创造更好的市场与利润，从而成本降低也是必然的。

三、平台转化

平台的商业模式千变万化，总结起来主要有以下三个方面。

1. 企业平台化

企业平台化即企业外部的平台化，指的是商业模式层面。即通过建立外部合作与研发模式，并根据企业自身因素发现新的定位、新的发展路径及方法，最大化地激发企业内生动力，让企业连接从旧有的商业生态闭合圈转变为开放的商业生态圈，由原来单一链状结构转变为多维网状结构。在这其中，企业的任何一个环节与外部的连接都不是单边的，而是多边的、多维的，就好像大树的根系，这样才能整合外部一切可利用的资源来实现企业价值的裂变。

在互联网时代，点对点的对接无所不在，数据融合在平台上出现，土壤、空气、养分都已具备，那么挖掘资源并获得丰收就需要具有平台连接的能力。任何小企业或者个人，只要能为用户创造价值，就可以依靠平台便捷地找到潜在的客户资源，并通过与客户互动，迭代优化自己的产品，不断提升客户体验，抢占更好的市场。即便是一个非常冷门的需求，只要能在平台上展现，聚集一定的量，就能自然而然地催生新的产品和服务并形成市场。

因此，企业平台化是数字化转型中相对重要的一环，是实现企业各环节和生态链上数字化资源的再整合与再创新的关键，也是打破边界、融合创新的生态模式，并能构建新的创新场景。

2. 用户个性化

这里的用户个性化主要指生产模式。现在的客户市场是千差万别的，个性化与定制化的需求是市场的主流，而且还在不断转变，对企业来说，关键是如何捕捉到需求信息并将之转化为生产信息。过往的市场调研往往由于信息传导存在一定的偏差，信息的交互也相对比较滞后，常带有主观色彩。而互联网时代，客户可以通过网络不断与平台交互，从而使信息的准确率更高，使市场潜在的需求信息更容易被捕捉。在互联网时代，即便到访者不留言，其浏览痕迹也能说明其倾向与喜好。例如，用户在购物平台上浏览某些产品之后，平台可自动推荐相关产品，并且随着用户浏览痕迹的变化而变化，追逐满足用户个性，也促进企业的再创新。

3. 员工创客化

员工创客化即内部平台化，主要指向组织管理层面。对企业而言，除了外部协作研发模式和正确的用户认知，内部研发机制也同等重要。因为内部各环节的瓶颈与难点是需要企业有能力的人参与进来面对的，而不是企业的几个管理者就可以解决的。毕竟面对一线的是员工，他们对平台反馈出来的信息是更加敏感的，也是容易被激发创新的。因此，内部平台化也就催生了内部员工创客化，让员工与公司之间由雇用变合伙，由存在对立变为同心与共生，最大限度地激发员工动力，最大限度地将外部研发带来的有价值的信息与技术转化为内部的创新力。在这个方面，数字经济的协同共生、价值共生驱动企业向更好的方向发展，也实现了双轮循环模式，员工实现了价值创新，企业也从中获利。

平台连接专栏2-1
美团平台：连接无限，协同未来

数字经济催生的平台商业模式，基于需求变革、生态系统大规模网络协同以及颠覆性技术革新驱动，平台商业模式拓宽了企业发展的赛道，也创造了更加多元多维的发展空间与利润空间。平台将成为主导市场的一种竞争机制，成为企业一种虚拟的资源。

一、企业简介

美团是中国领先的生活服务电子商务平台，其服务涵盖餐饮、外卖、生鲜零售、打车、共享单车、酒店、旅游、电影等200多个品类。美团从原来单一的以餐饮为主的平台，逐渐裂变为涵盖多个领域的运营和创新，其新的运营赛道与领域正是基于原有的客户群体的点评延伸出来的，是对流量的再创新和价值增值。

二、多维度创新发展

美团基于消费者与美团平台的连接，通过线上点评数据，从消费者所希望的美好生活的多个维度进行深入的开发与创新。消费者的反馈信息给了美团数据资源创新的基础和机会，美团也通过吸引与影响引导了消费者的行为，从而实现了多维度、多方面的共生创新与发展。

三、线上决策实现规模化的新消费裂变

海量的客户轨迹与点评信息，使美团管理者能够更好地抓住最前沿的市场信息进行决策，并通过数据信息的分析获得更多的市场机会。线上的量化分析让决策更加精准，从而实现规模化的新消费裂变。美团不断推出的产品与服务具有极强的针对性，市场响应火热也是必然的。

四、决策要素线上化

影响市场或客户决策的重要数据实现了实时线上化。因为平台的存在，市场与客户通过与平台连接，信息交互更加高效便捷，数据可靠度高。市场和客户的决策基于线上要素来做出，可以说决策更加依赖于线上的数据信息和精准的分析。

五、把握个性化的新需求更精准

平台连接实现了前沿信息与企业信息最快速的交互，企业也基于此实现了协同创新。由于实现了端对端的信息连接交互，就容易对症下药、药到病除，对个性化的市场响应与布局和策略制订更加精准高效，产品的个性化更适合市场。

六、围绕消费场景构造流量图

通过平台上的数据，分析消费者的变化趋势，企业可基于此构建深连接和大连接的价值生态圈。

第一，基于平台的优势连接不同场景的各类消费者，实现全系统爆发。

第二，通过对平台价值的深挖，开发相应的产品或服务，并引导连接。在利用平台生态的同时推动赋能，构建生生不息的平台业态。

第三，通过技术或更好的方式吸引市场、刺激市场，让客户心动，从而为企业或行业创造更多的连接。在这个层面就是对不确定的外部环境制订动态策略，而不是采用一招鲜吃遍天的固定模式。不仅捕捉潜在的机会，引领市场、创新市场，也要本着为社会谋利、为社会负责的共生原则有效经营，不可唯利是图。

（资料来源：笔者根据多方资料整理而成）

第二节 平台连接创新

一、平台连接，价值重塑

当今企业的生存发展不能局限于传统的模式，需要更加开放与融合的态度，闭门造车或埋头苦干也许能带来一定的技术创新，但可能比较缓慢滞后，所产生的创新未必能赶得上互联网发展的速度，而且成本也比较高，技术也会存在诸多漏洞。因此，开放融合、协同创新就是当下企业发展的快车道，企业要消除阻力，利用大数据背后的各种机会，实现弯道超车，并将低成本或无成本的离散信息为己所用，把一切不可能变成可能，实现企业发展与技术创新裂变，把1变成N或N+，从而造就企业内部创新与外部协同创新的融合倍增式双循环生态。

1. 平台连接改变了传统商业模式

传统商业模式主要是企业依靠自身力量深耕某一行业或某一领域，其与终端市场的连接是单一的，所获得的需求是经过层层过滤的，企业极有可能被蒙蔽而失去机会。平台连接使企业透明化，企业与企业、企业与外部形成多维开放的网状连接结构，企业处于共享与协同模式之中，是开放的，非关键因素信息是公开的。

2. 平台的出现与搭建改变了竞争的含义

竞争不再是面对面的资源与市场的竞争，站在对面的对手极有可能就是企业的潜在客户或合作伙伴，企业间是混合的竞合关系。各相关企业可通过平台连接，找到各自所需，或者给出各自的需求。例如，一些资源或者技术，对A企业可能无足轻重，对B企业可能就是关键性资源。换句话说，有了平台，企业与企业之间，产业链之间都能在融合与协同中共生，你中有我，我中有你。也可以说，数字经济时代的市场是以竞合为背景的新市场。

3. 平台中易实现端对端的连接

由于平台的出现，企业与企业之间，企业与产业链之间是"去中心化式"的连接与融通关系，企业成为透明的，没有"伪衣"生态环境下的真实企业。企业间的交互更加便利快捷，省去中间环节与信息传递，精准的数据就可以让企业快速反馈与行动，捕捉更加有价值的信息，以更快的速度占得先机。平台改变了过去企业、市场、客户非完全正面接触，层层传递信息的情况，信息更加真实、可靠、精准，减少了繁杂的中间环节，相应的供应链也发生了变革。

二、平台连接，价值管理

数字经济与"互联网+"的快速发展，让经济连接由单边转换为多边，这是发展的需要，任何壁垒思维都将制约企业的快速发展与迭代升级。在这个多元的经济时代，企业都需要用开放包容之心、共享共赢思维嵌入经济发展的网络中。而且，在互联网时代，信息都是共享的，沟通也是无阻碍的，其中有价值的信息或资源都可能是低成本的，企业获得前沿技术与信息，获得端对端的精准信息可以是高效的，并且这些信息能够助力企业技术的升级与管理的再创新。故企业需要建立平台商业模式，建立企业自有的平台，实现外部信息（市场与客户个性化需求、技术要求等）与平台连接，内部需求（技术瓶颈、资源匮乏等薄弱环节）也可通过平台连接获得支持。要实现内外部连接是因为企业的关键需求有可能是他人已突破的瓶颈。

所以，数字经济时代，企业要通过搭建平台，拉近与供应商及客户的距离，拉近与市场前沿技术的距离，获得更精准的个性化需求，从而更容易地获得价值增长。同时，平台也能为更多产业链相关的企业提供免费或收费的增值服务，因为外部通过平台连接了解了企业所长，就会产生相应的生产需求与技术服务需求。企业可通过平台连接实现转型升级，企业的经营模式与盈利方式也将发生很大的变化。可以说，在平台中企业的盈利模式是多元的，企业也可获得化解风险的助力。

三、平台连接，价值共生

传统的商业模式（如图2-3所示）中企业是相互隔离开来的，都设有各自的保护屏障，无论是供应商还是客户，都只关注产业链上的需求话题，较少涉及技术与更深层次的信息，会担心所谓的核心技术被抄袭，彼此之间的对立与设防之心相对较重。企业在各自的领域闭门造车，有"井底之蛙"的经营短视问题，而且企业对技术瓶颈的突破与管理再创新是单边思维的，相对成本高，进度缓慢，即便成功了，也可能远远落后于市场。

平台就是让企业从原来采用单边沟通的商业模式转化为采用多边沟通的商业模式（如图2-4所示），而且是产业链上协同融合的无缝连接的便捷商业模式，从而可降低错误率，减少信息黑洞，加快创新速度。市场需求直接对接企业内部，相对前沿的技术也可通过平台连接获得，企业无论是技术还是产品的迭代升级也都会加快，可做到同步或引领市场需求。

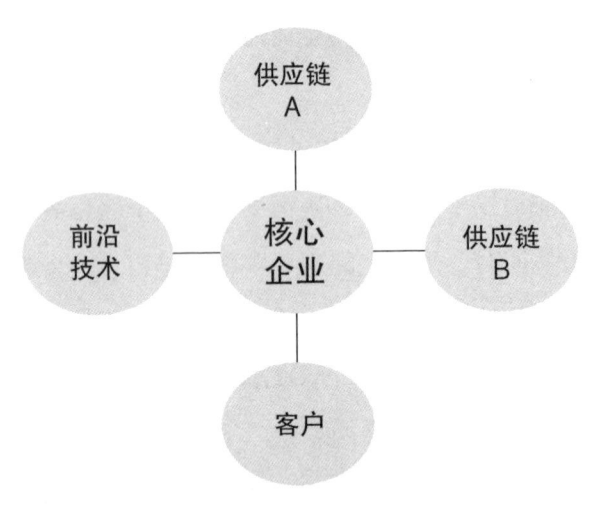

图2-3 传统的商业模式

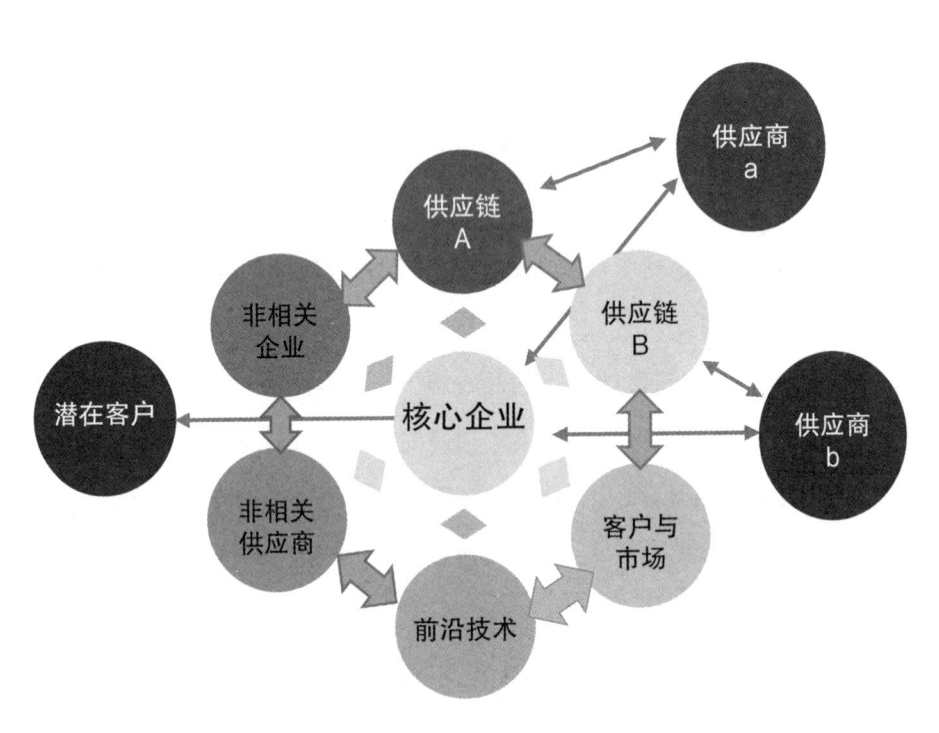

图2-4 平台连接的多边商业模式

平台连接专栏2-2

视源电子：平台连接创造多元价值

  智能化的产品创新需要与当下最前沿的需求相贴合，提升客户的黏性与耦合度需要的是针对性、多元化、定制化，那么，如何获得第一手的需求信息，就是企业管理者要谋划的。视源电子的管理者意识到"互联网+"所带来的新业态发展生态圈，从多个维度搭建企业的平台，并且，为了促进平台连接给企业带来更好的价值增量，管理者也在管理创新方面进行改革，确保视源电子的发展与数字经济发展同步。视源电子实现了较好的数字化转型。

一、企业简介

  广州视源电子科技股份有限公司（以下简称视源电子）是一家从电视零件供应商转型为智能电子产品及解决方案供应商的高新科技企业。目前企业产品已经覆盖电子产品各个领域，并延伸到教育与医疗领域。公司主要产品为液晶显示主板卡和交互智能平板等显控产品。

二、平台连接助力企业价值创新

  视源电子依托平板设备较大的市场占有率，基于企业科技创新的需要及商业模式创新的平台模式打造了教育界知名的"希沃·seewo"。视源电子作为教育信息化应用工具提供商，致力于为用户提供实用易用的教育信息化应用工具、教育信息化前沿理论研究成果、教育信息技术常态化应用培训服务等。值得一提的是，在教育板块，视源电子通过在线交互，使产品更加智能化与贴近用户需求，操作简便，易于上手，给教育工作者带来了更好的体验，为价值提升创造了可能。

基于教育模块"希沃·seewo"的深入交互，视源电子又发现了企业会议对平板设备的巨大需求。视源电子通过与客户端对端的精准沟通，根据不同企业会议室的具体需求，开发了易拆装的智能会议平板，并且在存储与记录方面基于使用者反馈进行定制开发，极大地扩宽了视源电子在智能平板领域未来的空间。

三、平台连接助力医疗领域的平板智能运用

视源电子开发的用于医疗领域的智能平板，从便于医生对医学影像片子的查看展开，随着与医疗行业平台交互的再深入，又开发出监控临床情况的产品，并更进一步拓展产品的使用价值。

四、平台也助力内生创业

企业提供给员工基于平台的资源支持，鼓励内部员工参与企业创新与外部创新。视源电子解决了内部员工创新的三缺：缺钱、缺渠道、缺市场。内部的创新与员工创业使视源电子收获更多，也实现了创新从N到N+1的突变。

第三节　平台连接，数字化思维

平台连接，让企业通过互联网、移动互联网、物联网、大数据、云计算、人工智能及智能设备协同内外，获得了无形的资源，也实现了资源再分配。平台连接就是通过推动各个行业、各个企业的交互，实现协同创新，颠覆当下，创造新的未来。

一、平台连接，价值颠覆

平台连接对企业的意义总结起来有以下几个方面。

1. 企业创新更有针对性

由于平台把人与人、人与物、物与物、服务与服务连接起来，实现了资源的再分配，也实现了有效的协同，企业通过精准的端对端沟通协作，把握市场与产品的研发更加有针对性，更易捕捉市场蓝海。企业的生产端也能及时做出应对措施，从产品线的长度与宽度以及对个性化的市场深入，减少生产资源的浪费，有效降了低成本，促进了高效生产。

由于能够捕捉到前沿的精准需求，企业的技术创新与研发便有了方向性和目的性，企业也更容易获得核心竞争力与核心竞争资源。传统的针对性不强的研发与技术创新，受制于市场的不可预测性，失败的风险很高，试错的成本也很高，表面上失去的是成本，实质上是技术提升步伐的停止。

从另一个方面来说，较好的平台连接能力，可以让企业管理层深刻认识到企业的不足，无论是战略方向、财务管理，还是人才制度。企业要做出有效的变革来适应平台连接，让企业管理在无形中获得提升。

2. 市场潜力深挖

平台连接的企业市场不限于线下，线上市场将逐渐成为主流。线下营销覆盖面广，信息缺少针对性，而且线下从获取信息到企业生产制造有一个较长的时间周期，其间信息传输衰减、需求强弱变化都会消减信息的作用。基于平台连接获得的信息，是即时的、前沿的、相对真实准确的、有针对性与个性化的，企业对这样的信息快速反应，推向市场的产品也是有引领作用的，可获得高度认可的。

而且，平台连接可实现精准的沟通与协同创新，定制化与个性化强的产品也是深挖市场的一个有效途径。即便是饱和的市场，也有可能蕴含着机会。这就需要企业管理层有较好的市场敏锐性，能够洞悉市场信息，从平台碎片化的信息中找到有用的和有价值的信息，从海量的数据中拨云见雾找到有价值的资源。当然，借助平台数字化、智能化技术可快速精准分析数据。

3. 运营管理更加高效

企业在平台连接的能力基础上，通过智能化系统收集来自企业内部各生产环节与流程的相关数据，并对整个管理过程、组织行为等产生的数据进行采集、分析、集成，让企业管理与生产过程实现智能化，让企业的一切行为过程都可通过数据呈现。这样，企业就能时时掌握全面运营与管理的细节与风险，从而及时研判，有效地控制风险、科学及时干预。企业全部的事务量化、数据化、清晰化，可使管理效率提高、对策精准、风险管控有理有据，也就能促进企业高效运营与价值增值。

另外，平台对企业管理与生产数据的收集，是没有掺杂任何情绪与外在因素影响的，数据反馈出来的情况相对真实。数据的在线即时分析时时呈现在管理者面前，可减少管理者查证与探究的时间，决策方案也能以最快的速度执行，企业实现高效的运营管理是必然的。

4. 向客户价值延伸

企业平台可实现企业与现有客户和潜在客户的交互，帮助企业第一时间了解原有客户的最新需求，使企业以连接创造新的价值为根本，以互联网开放的生态圈为依托，依据大数据，有针对性地进行价值的创造、增值、转换、迭代，实现客户价值延伸与再创造。

另外，基于平台资源，企业可以提高内部资源与外部资源的配置效率，实现资源再创价值，进而催生内部新业态与新创小企业，形成企业经济的新增长点。同时，基于平台资源，企业也可以改善客户对企业产品的体验，实现客户价值延伸。

从另外一个角度来说，企业发展着眼于引领行业并引导客户价值的延伸，客户价值的延伸反过来又促进了企业内部的创新，实现了双轮驱动数字经济新业态。

客户为平台赋能，企业通过科学有效的平台连接获得能量，企业内部创新百花竞放，企业的发展就可以再上一个新台阶。客户的赋能基于其自身的需求，促进了企业技术与能力的提升，这既是赋能也是协同。

5. 平台价值延伸

平台两个重大的特质就是开放与资源，平台不仅带来客户黏性与客户的忠诚度，也带来智能化的升级与改造，因为维系客户的黏性与忠诚度需要产品的迭代和技术的升级，需要持续的技术领先或某一方面的差异化竞争力。

平台也易对供应链协同产生深远的影响。平台打通了商家之间信息壁垒，实现了多渠道交互，提高了企业协同合作的成功率，也为供应链相关企业带来新价值，实现了共赢。

二、平台连接，冲击管理

平台也带来对管理的冲击，管理者需要解决平台上几个关键的问题。

第一，管理者对平台的认知度。管理者对平台的认知深浅会影响平台功能。如果管理者不能正视平台对企业发展的重要性，不能视平台为重要的资源，或把IT当作平台，就不能实现数据的集合，无法产生新的价值。从这个角度来说，企业一定要重视管理者思维的转变。

第二，数据短板。"信息孤岛"阻碍了社会资源、数据的集成共享和创新应用，平台连接需要多边数据的汇聚，不能只有利我的私心，要把信息与数据接入平台，催生大量数据融合后的价值裂变。

第三，管理策略。管理策略将直接影响平台对企业价值增值的作用，良好的激励机制是促进平台连接发挥作用的关键。

第四，固守壁垒。企业过于保护自我，担心信息外泄带来负面影响，传播出的信息就会欠缺和失真，那么企业能获得的赋能资源也就会存在一定的偏差。在数字经济时代，企业要用更加开放、融合的态度通过平台实现协同，固守壁垒无法获得最大收益。保护企业发明或专利都有法律途径，用铜墙铁壁来做保护已不适合数字经济时代的技术创新。

第五，人才缺失。前沿信息与技术是需要有能力的人来捕捉或洞察的，因此需要管理者对数字经济人才进行合理挖掘或培养。只有优秀的人才才能利用好平台的资源，才能有所创新。打造专业的适应新时代的数字化人才与专家团队，是管理中必须要重视的。

第六,生产制造响应短板。技术的研发与应用需要生产制造的精准配合,生产制造与管理能力缺陷会影响产品的制造与上市,贻误"战机"。企业内部也需要双轮驱动,即不仅要获取平台价值资源,也要做好制造流程再提升,做好价值资源获得与实现的双轮驱动。管理者不仅要关注企业内的活动,也要让创新视角更广阔,看到更宽广的领域。归纳来说,数字经济时代企业管理者要有关注企业整体业务的能力,具备连接、共享、开放的理念。

平台连接专栏2-3

小米用平台连接获得价值增量

平台经济的裂变与创新增长,给企业创新与价值增量带来更多的可能与机会,小米洞悉了其中的奥秘,让公司快速融入平台生态,并让平台连接给公司插上腾飞的翅膀,使小米一跃成为手机行业的佼佼者。

一、企业简介

成立于2010年的小米,历经10余年的发展,除了手机,还在智能硬件、生活消费用品、教育、游戏、社交网络、文化娱乐、医疗健康、汽车交通、金融等领域获得了较好的发展。

二、小米的快速平台连接,实现产品精准定位

小米推行用互联网定义客户,推动产品更新迭代,通过对平台客户的数据分析,获取客户的反馈,及时纠错,确保产品是基于客户需要的,是几近定制化的。对客户的反馈与建议,小米都会尽力在下一代产品中最大限

度地满足，真正实现端对端协同。

三、建立专业队伍，实现快速响应

小米的研发制造更倾向于互联网模式，专业的MIUI团队浸入平台，泡论坛，与用户交流互通，大量收集"米粉"或潜在"米粉"的反馈，解决客户需求问题与瓶颈问题，推动技术升级与产品快速迭代。小米基于"米粉"的反馈和研究的进程，每周把相关技术信息发布到内部资深论坛，根据论坛资深粉丝积极的反馈，不断修改，确保新版本有效发布。

四、利用平台效应，改变传统销售模式

小米极少采用高成本的线下广告销售模式，而多采用互联网信息沟通与传播的口碑营销方式。小米重视与用户端对端的沟通，用良好的口碑进行传播营销，获得市场认可度，实现销售增长的指数效应。

五、平台价值增量凸显，企业处处结硕果

小米是生于互联网、成长于互联网、发展于互联网的企业，其平台的搭建也是高瞻远瞩的。小米共享、共赢、开放的心态使平台价值实现了倍增。企业管理也减少了对内部创新团队与个人的阻碍，清除了层级权力障碍，最大限度地杜绝内耗，给内部团队与个人创造更好的创业环境与沃土，从而让企业的创新价值也实现指数增长。

（资料来源：笔者根据多方资料整理而成）

三、平台连接，资源转化

平台数据是资源而不是资产，资源经过整理与规划才能转化为资产。石油矿埋藏于地下，要经过勘探、开采、加工才能应用，数据资源亦是如此，没有经过合理有效分析与整合，它只是埋藏于海量数据中的"原矿"，可知而不可用。

1. 平台资源的治理与规划

作为企业的管理者，要清楚企业的业务价值是什么；要从需求的角度思考企业的数据资产是什么、其中的优劣是什么、企业未来的战略重点是什么。数据不等同于数据资产，数据资产是具有唯一性的，是能为企业带来价值增量的数据。

基于以上分析，企业就要在平台上有针对性地采取相关措施，借用外部资源与内部分析力量，催生新的数据资产，通过对数据的整合实现平台连接，催生企业内新的生态圈。

2. 平台资源存储与获取

企业管理层需要从以下两个方面着手实现有效的平台连接。

第一，明晰企业经营场景，即搞懂平台如何才能让企业的经营业务、技术提升、产品迭代产生新的价值，这样就能够识别出有用的数据并将之转化为企业的数据资产。

第二，管理者要明白平台和数据并不需要大而全，而应该根据企业的经营情况来建立平台和获取数据，应该基于小数据或小的场景有目的有针对性地展开工作，采取集中优势，逐一攻破各个关键环节的问题。要统揽全局，精准对位，杜绝"数据孤岛"。从小数据集切入，从可实现性高的场景启动，然后一个个场景做起来，平台连接产生价值增量就成为可能。

3. 平台资源必须共享和协同

平台就是创新，平台就是资源的再整合，就意味着新的生态圈。平台是开放的，在平台中的企业要用开放创新的思维看待平台、使用平台。企业要有大数据的思维，从数据的视角考虑平台对企业的意义，通过平台进行多边融合，改变传统的单边思维与做法，让思维与信息的火花能够在碰撞中产生新的价值增量。在数字化平台中必须摒弃零和思维，要用共生、共享的思维来协同。企业管理层要把平台当作数据和业务整体来看，而不能仅把平台视为工具和手段。

4. 平台资源价值培植

平台连接的实现需要企业建立多方协作的专家业务团队，涵盖平台工程、平台分析、平台治理等领域。业务团队的工作涉及数据的整个生产线，包括需求端（企业内部技术或业务等）、研发端（数据到数据资产）、生产端（数据资产落地），还有产品端与客户端等。

第一，平台工程团队。主要通过了解企业的经营业务与企业发展的关键瓶颈来确定如何让平台与企业相关场景一一对应，并且确定关键与优先的等级，为平台的建设提供有针对性的依据。还要从平台的建设与使用期间的维护、数据的采集与分析、加工解析数据等方面展开工作，为管理层提供有价值的利于企业发展的数据资产。平台不是面子工程，而是必须有助于企业的发展与技术创新。

第二，平台分析团队。将平台海量的数据进行归类、价值分析，进行多边交互与探索，整合出更多有价值的数据。要将把数据转化为企业的数据资产作为重心。要为平台数据与信息分析、价值业务探索提供算法技术和工具，确保对数据的有效分析和洞察能力。

第三，平台治理团队。主要是本着去中心化的思维管理数据，从数据的标准、适合的场景、安全规范着手，围绕着企业的需要与关注点，处理并解决安全与规范问题，提升数据的质量。

平台连接专栏2-4

冰轮环境平台连接，创新管理新模式

在数字经济发展的背景下，数字化转型已成为企业与产业发展的必然选择，数字化转型不是选做题而是必答题。数字经济与平台的建立将为企业与产业赋能，也将为其升级迭代及提高产品品质提供实施途径和技术支撑。

一、公司简介

冰轮环境技术股份有限公司（以下简称冰轮环境）是以低温冷冻、中央空调、环保制热、能源化工装备、精密铸件等为主导产品的企业，企业发展在行业中一直处于领先地位。在数字经济时代到来之际，企业提前谋划，把数字化转型当作企业创新的新引擎。

二、搭建平台，实现平台连接的最大效应

利用物联网、云计算、边缘计算、大数据、人工智能等新兴技术，冰轮环境形成"智慧云"服务战略构想，通过智慧云服务建设，实现产品全生命周期的服务、实现多业务多平台的协同、实现大数据的分析应用、推动商业模式转型，最终实现多方位多空间的价值提升。

三、平台连接，带来诸多红利

第一，通过互联网+、大数据、智能化等技术催生新的产品和商业模式。冰轮环境在做好内部协同的同时，通过平台与外部的交互，获得企业的创新点和可升级点，让企业产品升级迭代加速。管理者也基于平台思维，做出管理创新与企业商业模式的创新。

第二，平台连接使数据分析精准，突破了瓶颈问题。企业通过有效的平台资源整合，实现了精准分析，也发现了产业链与企业内部的不足，创新了数字化供应链，实现了端对端交易。企业基于最佳库存管理、安全库存等策略，对所有物料进行数据维护，实现及时控制库存数量，并减少物料存储、等待的时间，大大节省了成本。

第三，平台连接实现了科学管理决策。当下的经济环境中，谁掌握了数据，谁就拥有了核心资源。平台就意味着创新，也意味着需要打破旧有的格局与模式。基于平台的管理方式，是从定性走向定量，从"语文"走向"数学"，将数据作为决策依据和优化改进的依据，通过系统内业务数据的挖掘、分析，发现改进机会，实现基于数据、事实和理性分析的实时管理，可打开新的发展空间。

（资料来源：笔者根据多方资料整理而成）

第四节　平台连接生态

平台连接是实现数字经济新业态与新发展模式的必由之路，企业只有不断探索平台连接的策略与方式，才能让平台创新资源得以发挥作用。企业要认识到平台是资源的整合，平台就是创新，平台中不分企业的大小，不分行业，也不讲究技术优劣和生产水平，平台重在资源整合、重在协同创造，平台可创造共享、共赢、开放包容的生态圈。在这种平台上，能实现科学决策，通过海量的数据聚集容易产生新的价值增量，创生新的业态与新的生态圈。

一、平台连接，管理创新

既然平台在数字经济时代如此重要，就需要企业管理者在数字化转型中做出相应的能力提升，能够敏锐捕捉信息，洞察未来的需求。

1. 思维转变，迎接新业态

思维是决定管理者的决策正确与否的关键所在，管理者要先认识清楚平台与平台连接对企业意味着什么。错误与歪曲的思维，会让搭建的平台束手束脚；瞻前顾后，会不断错失机会。数字经济时代，"快"是主节奏，慢一拍都会失去很多。

优秀的平台企业，无一不是基于对互联网思维的洞悉，提早布局并创新管理模式才有所成就。所以，搭建平台与建立平台连接的首要一步就是思维的转变，要从思维上拥抱新的业态。

2. 去中心化，避免以我为中心

在平台中交互，实现平台连接，必须摒弃传统的做核心企业的观念，不以自我为中心，而以赋能为中心，从成就他人、成就他人的企业与技术，从利他的角度展开工作。管理者要提升企业全员为他人着想的思想认识。仅从自我立场开展资源的整合创新意味着高成本或者高风险。激励全员进行开放式的平台协作，打造创新的文化氛围与机制，是去中心化的重心所在。

3. 渠道整合能力

由于平台连接突破了空间的限制，实现了端对端交互，杜绝了单一链式结构导致的信息衰减，企业的供应链更短，因而管理者就要基于本企业的发展，挖掘并培育目标供应链企业，通过数字化分析，实现精准的对位与融合，通过交互实现双向赋能，提升与供应链相关企业技术能力的匹配，实现相关企业的共赢。

4. 数据的分析与洞察能力

平台中的数据是海量的，几乎涵盖整个产业链所有环节。在海量数据中发现有价值的信息，实现协同创造与价值增量，需要管理者有较好的数据分析与洞察能力，需要管理者有能力建立适合本企业的数据模型，快速实现平台连接，实现资源的整合与再创新。

5. 产业链数字化能力

传统的产业链只在节点与节点之间产生相应的记录，数据是离散与碎片化的，而平台实现了产业链上各节点所有数据的即时更新并自动记载，数据集成资源，也容易实现裂变。管理就要基于此，把相关数据尽可能融入平台，这也是数字经济发展的基础，是新业态下管理者的职责所在。缺少有力的数据支持，价值增量就会比较困难。

6. 全员平台连接能力

全员平台连接能力要求人人来做企业的主人，实现创新与创业成功的重要能力的集合。为此，就需要管理实践从培养与激励方面去创新，打造企业内部优秀的创业平台，提供一切创业成功的资源，扶持并激励员工的创新与创业。另外，也可以以股权激励与合伙人的方式，最大限度地催生全员的创新与创业激情，实现企业的价值，这是当下平台连接较好企业的管理创新成功之路。

平台连接专栏 2-5

派昂医药平台连接，颠覆传统经营和管理模式

平台是对传统经营模式的颠覆，平台依托虚拟的网状连接，使对海量资源的整合得以实现。平台获得的最优资源及最佳供应链必将给企业创新及价值增量带来更多的可能。脱离平台不能实现有效的连接，企业会被快速发展的数字经济淘汰。

一、企业简介

派昂医药有限责任公司（以下简称派昂医药）是陕西医药集团旗下的主要子公司，是一家经营业态全、覆盖面广、销售规模大的药品流通企业，也是冷链物流标杆企业。

二、平台生态圈，赋能企业运营

作为一家大型药品销售企业，面对错综复杂的供应链系统以及快速变化的客户需求，派昂医药引进了分析云平台为企业赋能，由此提高了数据分

析的准确性与及时性，把多个独立的信息孤岛通过平台连接在一起，解决了传统技术拼凑数据的不足。在此基础上，企业实现了从传统的计划备货转为智能化备货，由粗放式经营升级到数字化科学管理。

三、平台连接成功，成本控制最佳

对平台数据的及时有效分析，实现了快速的反馈，将原来由多人处理的传统报表数据，升级到平台分析云，可以即时处理好数据，避免信息孤岛出现，实现了数据的一体化管理。信息的快速洞察让企业备货和送货的及时性与准确性都大大提高，解决了采购与销售平衡的核心问题，最大限度地节约了成本，降低了库存超量与送货延时的比例。平台连接为管理者科学决策与实现利润最大化奠定了基础。

四、平台数据使供应链数字化构建成为可能

基于上下游客户的平台交互，平台数据资源为数字化供应链的构建提供了支持与保障，从而让派昂医药成功实现了智慧化供应链的建设。同时，企业以大数据、移动互联网、人工智能等先进技术全面支撑业务创新，随时随地透视经营，辅助科学决策，加速了企业数字化转型升级，助力企业进行精准营销、战略管控、风险预警等。

（资料来源：笔者根据多方资料整理而成）

二、平台连接，战略创新

数字化运营中，依靠平台的"智慧大脑"可洞察运营问题、形成商业决策、跟踪优化效果，进而整合有价值的资源，创新企业的生态圈，实现企业的管理创新。同时要注意，数据不能整合为数据资产，就不能产生新的价值。

实现平台连接，需要从以下几个方面逐一展开。

1. 企业内部思维与管理的转变

第一，支持内部创业与创新。无论是什么样的企业，管理者都要将之视为初创型企业，不能受传统约束，要致力于营造有激情、有冲击力的创新氛围。从多个环节鼓励内生创新并制订有效的创新激励机制不能是一句空话，管理者要切实打造支持内部员工创新与创业的平台机制，让员工创新没有后顾之忧，让员工能够持续操持勇往直前的创新动力。

帮助员工就不能搞官僚主义，做事风格要年轻化，要运用数字化的工具实现审批流程自动化与智能化，通过技术支持让员工的想法转化为创新行动的可能性加大，促进全员创新，让创新成为一种文化，成为让每一位企业员工职业生涯成功的途径。

第二，内部协同。建立内部协同机制与规则，用平台协同各个部门，洞悉企业未来发展的技术与战略，解决企业亟须解决的难题与需要突破的瓶颈，并列出优先顺序与重要程度。要求各部门分享平台交互的信息与数据，赋能于员工，激荡员工创新思维，产生新的价值。

第三，层级扁平化，管理者转变为平台服务者。创新型企业的管理要实现层级扁平化，管理者要转变管理思维，由控制转变为服务与赋能。要让企业员工由被动转变为主动，让人人都做企业的主人，让所有人的目标都是企业未来的成功并能分享未来的成功。

第四，培养员工创新主动性。管理者要重在培养员工的知识能力和洞察力，增强员工平台连接的自主能力与创新能力，让员工主动参与到平台融合中去，使员工能够洞悉关键信息并寻求创新与改进的方法与技术。

第五，专注于客户。通过对平台数据的分析，找到企业的目标客户，再通过平台的交互，获得客户需求并明确未来的技术路径，并将之转化到企业的创新过程中，赋能企业实现创新与发展。

第六，接受失败的创新。任何创新都是有风险的，基于平台数据的创新也不可能100%成功。无论是产品的创新还是技术的升级，风险都是在所难免的，在此过程中管理者要用发展的眼光看待问题，勇于接受创新中的试错。对任何企业而言，平台赋予企业的价值都是颠覆性的，关键是管理者如何对待它，不破不立，敢于打破壁垒，就能打造出创新型企业。人人创新的企业经营之道与文化氛围，也能促进企业的数字化转型成功。

2. 与外部交互创新

平台需要内外部交互，从而获得信息与数据。为了更加精准地分析，企业需要更多的外部资源信息与知识。从这个方面来说，让外部客户、潜在的客户和产业链上的供应商参与进来，实现融合与协同，就是企业搭建平台的重中之重。

企业搭建平台需要注意以下几个方面。

第一，平台智能化。外部客户或供应商连接到平台，实现交互，即时响应是相对关键的因素，因此平台的智能化响应能力就是比较重要的。要让外部的客户和供应商感到有温度、有感情，而不是冷冰冰的，这样才可以让交互者在交互过程中满意，真心地投入进而实现交互价值最大化。在以"快"为主要诉求的信息时代，快速响应反馈会让参与者愿意持续参与到平台交互中来。

第二，让平台交互者受益或获得赋能效果。作为平台主体的企业，要本着让对方受益的原则来进行平台交互。企业要改变过往以自我为中心，只看重自我利益的理念，要时刻用共享、共赢、共荣的心态开展平台交互，愿意分享并懂得分享。平台交互者在交互过程中得到赋能或者受益，也就会最大限度、毫无保留地进行交互，信息碰撞产生价值增量便能成为常态。

第三，交互尽量有针对性，让技术同步提升。作为平台的主体，企业要有针对性地抛出自己的关键需求，同时也要考虑利于平台交互者。也就是说，从技术角度，平台主体企业技术得到提升，相应交互企业的技术也能得到进步，这是相辅相成的。在平台中，大家是命运共同体，一荣俱荣，一损俱损。一般来说，平台主体企业技术瓶颈的解决，相应也带来平台产业链的革新，相关企业也可得到技术提升，平台主体企业产品迭代升级，也能让平台交互的合作者受益。

第四，外在非相关交互者。平台交互中，还存在另外一种情况，即对之前没有任何交集的外部个人或团队，也要让其受益或者参与成果分享，这需要企业管理者更有胸襟。一些优秀的企业会采取股权模式引入外部平台连接后的创新或新技术等，毕竟，陌生的非相关交互者，下一秒就有可能成为企业最大的合作与协同伙伴。

平台连接专栏 2-6

美的平台连接：开放式创新平台，数字智能创新引领者

在以数据为核心资源的时代，美的的管理者摸准时代经济的脉搏，积极参与到数字化转型之中，打造企业独有的创新平台，经过多次再转型升级，实现了美丽蜕变，由大型制造企业转型为以数字驱动为发展要素的科技创新企业。作为数字化转型的领军者，美的以直面挑战与不断变革的态度，探索出一条从传统制造商向科技企业数字化转型的独特发展路径，成为中国制造业企业数字化转型升级的标杆。

一、公司简介

历经50余年的发展，美的已经从小家电企业发展为享誉国际的家电品

牌企业。美的管理者提早布局数字化发展平台，现在已经转型为以数据驱动、创新驱动的科创型企业。2020年，美的启动"全面数字化、全面智能化"新战略，是继2012年制订"产品领先、效率驱动、全球经营"三大战略主轴和转型之后的又一重要战略，美的致力于以用户为中心，实现贯穿研发、制造、营销、售后等全链条的数字化。

二、提早搭建平台，实现内部平台连接的创新

从2012年到2020年，美的从数字化1.0版本，经过进一步数字创新与智能打造，升级到数智化2.0版本。作为一家大型制造企业，美的曾经存在产品堆压占用大量资金，市场响应迟缓的问题，极大地压缩了企业的利润空间。管理层洞察数字化对企业效能的助力，积极构建了企业内部的6大运营系统、3大管理平台、2大门户和集成技术平台，使"一个美的、一个体系、一个标准"落地，也实现了数据聚集与数字化转型。

2016年至2017年，美的的目标是打造整个企业基于数据驱动的客户定制能力。美的创立了美云智数公司，从而实现了数据预警与数据驱动，推进了数字化营销、智慧客服、标准化、模块化及数字化柔性制造等业务变革和系统升级。

2020年，美的加大了转型的力度，全面升级平台，将"全面数字化、全面智能化"提升为集团核心战略，目标是驱动美的向以数据驱动的科技集团转型，包括加速发展以美云销售为代表的商业平台、以美居为代表的互联网平台以及工业互联网平台这三大重要平台。该战略再次体现了美的自我革新、深入推进数字化转型的决心。在"数智化"战略下，美的推出了美的工业互联网2.0，各个事业部、业务模块的转型也得到了全面深化。美的通过平台连接广泛地吸引外部创新力量来提升内部的创新能力，实现了内

外资源整合、技术创新发展和创新活力激发。

三、工业互联网平台创新发展，平台连接价值最大化

2020年，伴随着美的数智化战略的提出，美的工业互联网2.0"美擎"发布，并同步推出M.IoT美擎官方交互平台，围绕着研、产、销、供等全价值链，致力于提供制造业知识、软件、硬件三位一体的解决方案，帮助企业实现业务敏捷转型，赋能企业深耕于核心业务流程，持续释放潜在的业务价值。通过内外的交互，企业实现了平台连接的价值最大化，价值增量涌现。平台连接产生的价值增量让智慧医疗、智慧物流、产业金融、精密模具、自动化工厂和供应链协同紧密融合，形成工业云生态，赋能全产业链数字化转型。

四、平台连接，赋能平台交互者

基于共享、开放、共赢的理念，企业也拓宽了产业链要素的深度整合，赋能于平台交互者与产业链。基于成熟的全产业链价值平台，美的通过不断深化完善智能制造解决方案、融合发展IoT和工业生态圈等路径推进工业互联网平台建设。通过对外输出实现赋能而产生价值新裂变，美的也参与到平台各要素价值深挖之中，在多个领域都得到较好的发展并受益，涉及40多个细分行业、200多家行业领先企业。在此基础上，美的实现了平台连接价值的再创新，也成功实现了由制造型企业转型到以数字驱动为主的创新型企业。美的2021年年报显示：报告期内实现营业总收入约为3434亿元，同比增长了20.2%；实现净利润290亿元，同比增长5.5%；2022年一季度实现总营收909亿元，同比增长9.5%。

（资料来源：笔者根据多方资料整理而成）

三、平台连接，联通创新

平台的重要性毋庸置疑，但是让平台连接更加有效，更加数字化与智能化，就需要企业考虑搭建自我的平台，让团队拥有数字化的创新思维，并在多个维度布局。毕竟，没有沃土，再好的耕种者也很难有所作为。建立平台并实现平台连接需要管理者基于平台思维来布局与筹划。

1. 评估企业现状

传统企业搭建平台，需要全面了解企业现实状况，从搭建数字平台的基础进行评估，因为平台不是普通意义上的IT，它的本质是对资源整合，形成新的生态圈和新型商业模式。企业要本着共享、开放、协同的原则来进行平台构建。平台是企业内部各环节的数据汇入点，是供应链与产业链上各要素的集合，是海量数据汇集交互之地。通过平台可实现内外部资源的整合，找到企业各环节的创新突破口，实现价值增量。如果评估企业缺少资源条件，可考虑引入外部专业的平台或数据云。适当投资是未尝不可的，毕竟数据也是资源，且是新时代不可替代的核心资源。还要评估企业内成员的平台思维与平台连接能力，打造企业独有的平台专业队伍，让企业实现真正意义上的数字创新。

2. 精准分析企业的机会与突破口

需要从多个角度对企业内外进行解析，通过对数据的分析与梳理，找到企业优劣之处。可以从企业的物流、信息流、资金流进行分析查证，找出企业关键的突破点与可能的机会。要有针对性地通过平台交互实现资源的整合，通过平台连接实现企业的赋能，找到关键突破点与创新处，并在可能机会上实现价值再创新。

3. 制订平台规则

建立或引进平台，需要领导高屋建瓴，即要有前瞻的眼光，更要建立相应的规则。企业要围绕着平台新业态，新的商业模式，制订合理的与可实施的激励机制。一般来说，深居安乐窝的团队或个人，总是需要"鲶鱼效应"的刺激，否则新生的事物很难让大家积极接受。缺少较好的激励机制，就难以获得数据汇聚并创造出新的价值。

激励不能仅从文化方面渲染，而要有切实可行的机制。有效的激励机制才能最大限度地刺激大家参与。把激励看作成本，是短视的做法。股权激励与内部创业机制都是可以借鉴的，无论采取何种激励方式，都要有激发性而不能流于形式。

四、平台模式，共享创新

平台可借鉴的模式主要有以下几类。

第一，商业模式平台创新。主要指变传统出售产品为出售服务，通过平台赋能，产生价值增量的创新模式。定制化就是商业模式创新的一种。

第二，服务模式平台创新。主要指运用平台实现客户自我服务的创新模式。通过平台交互，实现远端产品维护与服务，提升企业效率，实现端对端交互，既满足了客户需求，也同时让企业得到能力提升。比如对AR（增强现实）设备的维护，可以通过展示设备传感器的数据，显示零部件的装配过程等，大大提高设备维护的效率。

第三，研发模式平台创新。主要指通过平台交互，拿到客户的第一手需求，实现技术研发与创新外包或众包模式的内外协同。企业在交互中得到赋能，也最大限度地降低了成本，提高了科技转换与升级的效率。

第四，运营模式平台创新。这种创新模式主要应用在生产的精细化管理过程中。通过平台收集的即时信息与数据，可实现业务流程的数字化管理，可实现故障信息即时输送与可视化，快速高效地解决问题。

第五，决策模式平台创新。通过运营模式转型，企业平台能够汇集海量数据，包括产品数据、设备运行数据、质量数据、生产数据、能耗数据、经营数据、客户数据和外部市场数据等。企业对这些数据进行多维度分析，可提高数据分析的实时性和可视化程度，实现数据有效治理。利用人工智能和大数据技术，分析数据背后的关键信息，挖掘有含金量或可推动制订行动策略的信息和资源，就是基于数据的决策模式的创新。快速分析数据，有科学依据，也就能提升决策的速度与精准度。

企业的平台模式需要管理者基于企业的现状与未来，基于数字经济发展的需要有针对性地拓展或延伸，这是没有标准格式与框架的，是需要在变动中循序渐进探索的动态革新。

章末案例——阿里巴巴：平台经济与平台连接

阿里巴巴多年来一直围绕着数字经济发展，以数字驱动为创新动力，打造的阿里云不断在交互中创新与升级。本着为平台交互者服务，为交互者赋能，让交互者走向成功的决策，阿里巴巴一路走来创新不断，也创造了多个辉煌。

一、公司简介

企业成立以来致力于平台商业模式，为商家提供技术与营销平台，借助平台与客户交互，助力企业技术升级。近年来，企业通过平台交互，实现了数字化转型和多元化发展，企业创新的数字商业平台更是具有平台商业模式的引领作用。企业新业态的模式已经初具规模，生态链已经涵盖制造、能源、医疗健康、金融、新零售、教育、交通等，平台数字经济体系逐步建立。

二、互联网企业先锋

作为互联网企业先锋，阿里巴巴自成立以来，就始终把创新当作企业生存的法宝。企业在以销售为主的平台基础上，逐渐创新发展出不同的新增量空间，从淘宝到天猫、再到菜鸟驿站、阿里云等，每一次创新都基于平台连接，让商家满意、让客户方便。商家与客户又反哺企业，实现平台连接的赋能，从而产生新的需求，也就能够创新业态与技术。

三、培养团队平台连接能力，重在赋能

在阿里巴巴，复盘是管理创新的一个新策略，复盘即阿里巴巴常说的Review，从个人Review到业务Review、群Review，还有跨级Review，团队或个人都可在复盘中反省。管理者以赋能为目的的复盘，针对性强，可让团队或个

人能力得到提升，从而实现平台连接的价值裂变。

同时，在复盘过程中以结果为导向，注重过程复盘使弱点得到弥补，让优势得以再发挥，实现了对优秀员工和团队的培养，为企业平台连接价值最大化奠定了基础。

四、注重优秀价值观，让平台连接生态圈更加丰盈

平台是商业模式的创新，是以数字驱动为引擎的新业态。平台重在创新，团队更加需要创新，首先是价值观的创新，要先行一步，敢于破旧，敢于尝试。有了创新思维，有了创新战略文化，才能让参与其中的人被浸染而产生激情与动力。

阿里巴巴敢于造梦，勇于造风，把敢于怀疑、能够洞察新的技术与价值，并敢于实践者当作真正的创新者。领导者更要身体力行，成为商业战略的设计师，否则很难期待员工创新。

五、总结与启示

第一，平台战略前瞻。阿里巴巴很早就洞察到互联网对未来经济的影响，在自己的经营过程中，逐步从平台+销售，升级到平台+技术、平台+行业、平台+生态链、平台+赋能等，每一次平台创新都在平台连接的生态中产生了新的价值。特别是近几年，阿里巴巴敏锐地洞察到以数据为引擎的新的经济模式，快速抢占先机，转型到数字创新与数据智造及数据赋能的新业态。

第二，为平台创新与平台连接夯实基础。无论是平台的创新还是有效的平台连接，人才都是其中重要的一环，缺少优秀的创新型人才，企业就不能适应创新发展，平台创新与平台连接就是空话。管理者要基于平台商业模式，从培养优秀的平台人才与挖掘员工创新能力进行激励与培育，从而实现内部平台人才的价值。

第三，内外共享机制。本着共享利益、共享发展的理念，阿里巴巴推动平台规模化与迭代创新，持续深化整个产业链上的全要素融合，打造跨领域多行业综合的平台模式，引入外部创新资源并给予培育与支持，实现利润分享。并且，阿里巴巴拓宽内外交互资源的创新，推动"平台+5G、平台+区块链、平台+AR/VR"，从而提升了平台创新能力并引领潮流。

第四，以平台交互者的利益为重。阿里巴巴外部资源的整合与数据的指数级增长，是基于阿里巴巴以平台交互者的利益为中心，把平台交互者利益最大化当作目标。阿里巴巴着力为交互者赋能，提升资源配置的效率，加速协同效能，打造个性化、定制化、共享制造、按需制造新业态。平台连接的敏锐、柔性配置，共享新业态的经济模式与生态圈在企业数字化转型中发挥着重要的驱动力量。

（资料来源：笔者根据多方资料整理而成）

【本章小结】

平台是数字经济时代新的商业模式，同时也是资源再配置的新变革，平台可融合内外资源、实现内外交互、重塑商业结构，并实现价值裂变。企业有效的平台连接，可激活存量资产，实现再增值与再创新。建立平台连接是企业有效利用全要素资源，实现数字经济共享、共融、共创与协同共生的产业数字化与数字产业化的科学之策。企业管理者要顺应数字经济的潮流，提升数字化转型的各项能力。

第三章

知识共享赋能

分享是数字经济永远的主题，在这个信息爆炸的年代，任何人或企业都可以通过互联网或平台实现便捷的成功分享、技术分享、知识分享等。在分享之同时就产生了新的流量，新的数据，也就产生了新的需求与价值，这就是数字经济的新生态模式。从这个角度来说，分享是数字经济的主题。数字经济时代知识已经不是原本认知上的那么重要，重要的是掌握知识与运用知识的能力与视野。

我们正步入共享经济的黄金时代，越来越多的人认识到分享过剩资源的意义与重要性，致力于努力挖掘平台与个人的重要价值。"共享"二字蕴含着无限大的想象空间。

——优客工场、共享际 毛大庆

【学习要点】　　知识共享的新认知
　　　　　　　　知识共享，企业重生
　　　　　　　　知识共享，赋能管理

开篇案例——天九共享：知识共享赋能更多独角兽

知识赋能是数字化时代实现价值裂变的较好策略，在知识分享的同时，通过交互、交流、反馈，往复循环融合，可让知识实现指数级增长，创造新的知识价值，助力企业数字化转型的成功。

一、企业简介

天九共享成立于1991年，是一家以孵化独角兽企业为主要业务的创新型企业，拥有基于大数据的企业赋能平台。

二、企业情怀

天九共享一直将分享视为企业生存的法宝，并营造出"管理输出、奉献大家"知识分享的企业文化氛围，以"为企业赋能，让伙伴幸福"为企业使命，把知识分享提高到战略的高度。天九共享倡导把成功的经验毫无保留地分享给大家，为企业赋能，也实现企业全员以知识分享为幸福的宗旨。

三、企业平台化知识共享

早在2000年，天九共享就推行企业平台化，为企业内外的知识共享创造更好的空间与更多的机会，为企业内部赋能（给员工提供一个创业平台，孵化企业家）。通过知识共享，企业内部硬件和软件都得到空前的提升（硬件指的是企业的科技能力，软件指的是品牌、商业模式、营销模式、管理模式等）。

四、数字化转型的弄潮者

随着人工智能、5G、物联网技术的发展和数字经济时代的到来，天九共享顺应潮流，以创新天九智慧企业为方向，打造出"五朵金花"：绩效云、会议云、销售云、儒商大学、天九智慧商务大屏。这些数字化技术驱动工具都是为共享知识服务的，通过便捷的交互与共享，实现赋能无处不在，让知识分享成为孵化独角兽企业的模式。

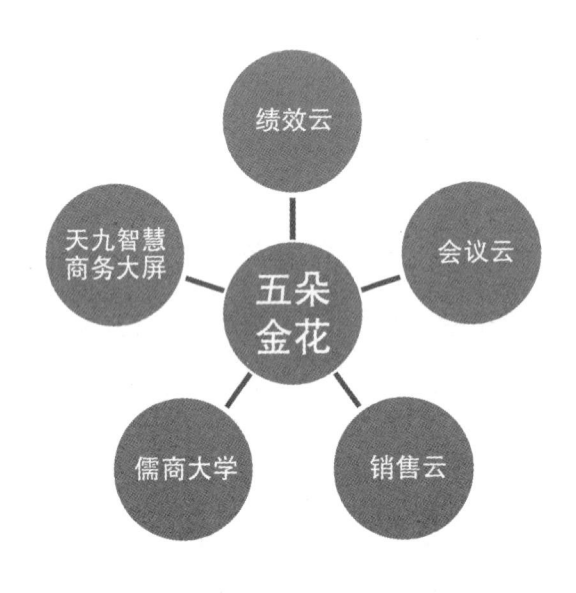

图3-1 天九共享"五朵金花"

2020年推出的天九老板云APP，用线上直播的方式，吸引广大受众参与到分享中来，通过企业家在线分享，汇集了海量资源，建立了超级数据库平台，实现了联营赋能、资本赋能、资源赋能、智慧赋能，全方位帮助潜力独角兽茁壮成长，构建起数字产业化模式。

五、总结与启示

第一，知识分享是数字经济新业态下培育企业文化与管理者技能与意识的重要措施。知识分享可连接内外，使企业获得新的知识与技能。知识分享是在知识的碰撞与交流中整合创新，在分享的同时，能够产生协同效应，创造新的流量与价值。知识分享成为驱动企业创新的力量。

第二，知识分享是赋能。知识分享并不意味着知识减少与竞争力减弱，相反，通过知识分享，企业可实现全要素资源的聚集与融合。知识分享既是一种优秀的企业文化，更是驱动企业全员技术创新的源泉。从知识整合理论的视角来看，知识在整合中会再生更多更好的知识与信息，在分享中因融合和交互，分享者能够获得新认知和新的思维方式，从而实现个人赋能，创造新的价值。

第三，知识分享是打破壁垒，破茧成蝶。知识分享可实现海量数据的汇聚，在这个以数据为核心资源的时代，有了数据就掌握了发展的命脉，无论是企业数字化转型还是创新都变得相对容易。

（资料来源：笔者根据多方资料整理而成）

第一节　认知创新

在火热的"共享+"数字经济转型与发展的当下，企业外部共享如火如荼，人们的衣、食、住、行、娱乐处处都有共享的影子，而且产品部分已落地，实现了共享再创新。在共享的同时，更出现了新的商机与业态，产生了新的价值。

知识共享是基于赋能的价值分享，是通过数字技术实现的信息与知识的共享。在数字经济时代，知识共享不再是单一维度的，而是多维度的，知识共享的主体也不再是传统的主体组织或个人，而是更加碎片化、自由化，任何主体或个人都可以是知识共享的主体，只要共享者认为有共享知识的需求，就可以尽情共享。共享过程是开心愉悦的，也许是没有任何欲望掺杂其中，获得总是在不经意间，这便在一定程度上保证了共享的信息与知识的可信度。

在这种共享环境与氛围下，企业在获取知识进而奠定创新基础的前提下，就要引导并推动企业内部与企业相关利益方、产业链及相关价值提供者进行更好的交互，把知识共享当作企业发展的重点，提高企业获取知识价值的能力与敏捷搜索和获取信息的能力。

"舍得"一词蕴含着管理哲学，有"舍"才有"得"，只有懂得共享，愿意共享，才能让企业、团队、个人的潜能得以发挥。通过知识共享的过程，共享者从反馈与质疑声中得到成长，聆听者从中获得了某方面的启发与知识整合，双方均可收获创新和价值。无论当下还是未来，共享对企业、团队、个人都是实现共赢的途径，也是实现全员价值的创新策略。

一、认知创新驱动技术创新

数字经济时代以共享与去中心化为主要驱动力，所有参与者都要打破传统的知识管理思维，与数字经济共舞，任何单边思维与保护意识都是徒劳的，也是使价值流失的错误之举。数字经济时代的信息与技术是相对公开的，各大专业平台都基于共享的原则管理，即便收取一些费用，相对于知识的价值来说几乎是九牛一毛。

另外，通过知识的共享与共享中的融合与碰撞，平台交互者可获得整合后的新知识，进而可产生新的价值与新的创新，既让个体受益又丰富了平台知识，为下一次的价值创新奠定了基础。就如QQ、新浪微博，任何人都可以在这些平台上共享自我领域的专长与观点，不但获得了快乐，也能在交互中发现个人的不足，并可通过修正实现自我赋能，也自然会有新的感悟与知识的再次共享。在这个过程中，平台获得了流量的增加，知识的汇聚，相应地也让平台隐性的价值显性化。

在当下以知识共享为主的知乎、快手、今日头条等平台上，知识共享者把自己的隐性知识显性化，把自己碎片化的信息共享出去，这个过程中产生的是无形的价值，是不同于用金钱衡量的价值，这个价值可能会在某一天得以兑现，实现无形价值到有形价值的转变。

专家学者的论文或专著也是知识共享的一部分，专家学者把个人的知识与经验转化成书面语言，对其个人来说是总结或检讨。总结是对个人特长新的认知、汇总，检讨是对自己不足的反思。无论是总结还是检讨必定起到赋能的作用。

时下火热的"网红"营销模式是数字经济时代的一种新业态。"网红"对某一产品的推介会获得较好的销售量，良好的产品质量与性价比又会让消费者依口碑模式把信息共享给自己周围的人，知识共享成为价值转换的新模式，实现了真正意义上的C2C。以得到APP为例，得到致力于让知识获得更方便的同时，企业也因流量获得了的丰厚收益。

二、认知创新驱动业态创新

数字化转型需要人人参与其中，数字化转型不再是某些管理者的事，而需要全员参与。管理者做不到事无巨细，更不可能对所有环节考虑周全，所以需要全员的智慧，全员的协同，这也是数字经济时代企业协同创新的特色之一。

不能做到全员参与，就不是真正意义上的数字化转型，在企业内部形成知识共享的氛围，让人人都成为价值信息的传播者与创新者是实现数字化转型的关键一环。

也就是说，企业数字化转型需要双循环模式，既需要管理者的知识共享，赋能员工，更需要知识共享。通过双循环的反馈，各自发现弱点与优势，弱点通过赋能来补足，优势可实现价值再创造。从这个方面来说，数字化转型模式既不是从上到下，也不是从下到上，而是全方位多维度的新业态模式。管理层不仅要通过管理引领助推全方位的数字化转型的各项行动与项目有效实施，还要具体参与其中。作为基层员工，身处数字经济大环境，也应主动参与到数字化转型活动中去，这是时代的特征。当然，如果有激励机制或措施，员工参与的积极性与创新性就会相应提高。

知识共享专栏 3-1

天天学农：面向农民的在线教育平台

在"互联网+"发展的势头下，积极拥抱"互联网+"必能收获更多。特别是在他人望而却步、浅尝辄止之时，更要敢于出手，而用共享的理念来创新创业就是抓住了互联网的命脉。

一、公司简介

天天学农成立于2017年，是面向农民的在线教育平台，是服务人数多、覆盖面积大、课程体系完善的农业知识服务平台。

二、微信群+小程序+新媒体

智能手机普及，互联网创新时新日异，给远离城市的农民带来更多获取知识与信息的途径。天天学农创始人看到了机会与潜力，加入互联网创业大潮，从免费提供农业种植信息入手，逐步建立学农APP，打造出一个现代化互联网农业技术信息技术资讯平台，联合行业专家，通过"微信群+小程序+新媒体"推广农村种植业、农村养殖业新技术，推进农业创新。

三、打破藩篱，促进农业知识传播

天天学农立志为新时代的新农业增添技术能力，打造农民技能学习的机会与环境。本着赋能农民的指导理念，天天学农将农业知识与实操相结合，帮助农民知其然，也知其所以然。从早期碎片化知识的传播演进到体系化课程系列指导，天天学农极大地促进了农业知识的传播。

四、"农技学院"和"农商学院"

天天学农打造出"农技学院"和"农商学院"双学院模式,不但指导农业知识,也指导农民营商之道。

另外,为帮助广大农企顺应数字化潮流,天天学农提供"丰农万顷"农业数字化营销服务,帮助大型农业企业"从前到后"整合推动全产业链的数字农业科技与服务创新。

成就他人,天天学农得到了社会的认可,已完成超千万元的融资。

(资料来源:笔者根据多方资料整理而成)

三、业态创新驱动动能创新

由于人们在工作与生活中对知识共享的认知有一定误区,特别是有些企业受制于KPI或部门保护,认为知识共享会造成被超越或竞争力减弱。

1. 知识不等于价值

知识与信息不等于价值,只有知识与信息得到转化才能成为价值。转化有两方面,一是个体把知识与信息转化为技能并予以应用;二是将知识与信息共享给其他人,通过交互让受众获得某些方面的提升。知识存储于自己的头脑中,就只是隐性的无价值的知识,只有把知识与信息显性化,才能发挥其价值功能。对于企业来说,知识存量不完全等同于企业资产,只有经过整合、创新、转化并实现产品落地或技术创新才能成为企业的资产,否则知识就如企业闲置资产一样,不能创造价值,却增加了企业的管理成本。如图3-2所示。

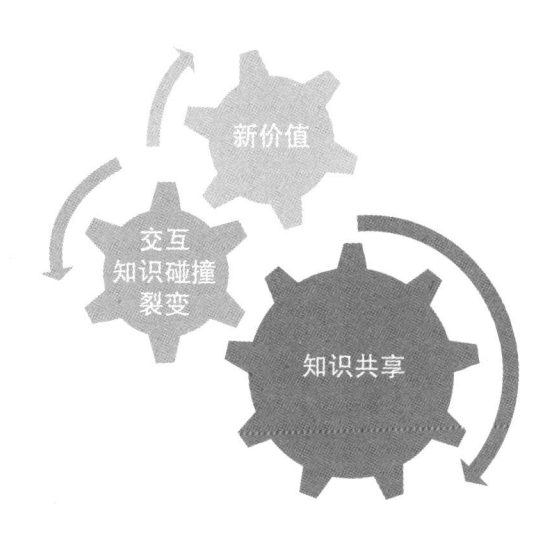

图3-2　知识共享价值图

2. 知识共享不会降低竞争力

知识共享不会减少企业的知识总量，因为在共享的同时，企业也可获得交互与反馈，无形中增加知识存量或获得创新及差异化的竞争力。在知识共享中可发现自己的不足，发现他人的长处，实现自我修正、自我赋能，竞争力增强也就是一定的。

企业内部要启动某一项目，可把构想与建议共享给团队，团队基于此进行建议与补充，在交互中碰撞出火花，最终得到的是知识共享产生的价值，而非竞争力减弱。在共享知识的同时，共享者的各项能力也无形中得到锤炼与提高，实现了个人价值，实现了个人知识共享1+1>2。而且，基于知识整合理论，知识只有在使用、转化和共享的过程中，才能实现创新，产生新的知识，进而产生新的知识存量。知识共享的过程容易激发创新，也极易获得异质性知识与资源，实现个人与企业的知识增量与增值。从这个角度来说，知识共享是增强个人竞争力与企业核心能力的重要环节，是企业在数字化转型中获得更多异质性知识和资源并将之转化为企业资产比较好的做法。

知识共享有激发与影响作用，S—O—R（刺激—个体生理、心理—反应）理论指出，人容易受环境影响，某些人的成功与经历易触动敏感性较高的个体，使之主动或被动参与到对成功者的模仿与学习之中。如果企业管理者能认识到这一点，从更深的角度去挖掘与探索管理创新，那么个体的成功也就会激发团队的成功。

四、动能创新驱动协同创新

数字经济时代的企业已经发生了飞跃式的改变，企业与企业之间，企业与产业链之间，不再是单纯的竞争关系，而是竞争与融合结合的竞合关系，企业需要寻求外部有价值的资源与信息，需要用跨界模式实现赋能。任何企业，借助数字经济新业态模式，通过平台实现知识共享，就能实现企业内外资源的最优配置和价值裂变，这是数字化转型比较好的方式。如小米通过平台分享前沿技术，让平台中汇集的大量"米粉"参与分享，产生的交互信息和建议给了小米提升的空间，使小米找到了更精准的市场定位，也收获了更大的市场。较早地利用数字化模式，使小米得以从竞争残酷的手机市场脱颖而出。

共享各自的专业知识与所长，有所争论与碰撞，就容易产生新的灵感与火花，无论是对个人还是对团队来说都是有益的。特别是在一个有限的空间，当外部的知识共享到内部，新的认知与新的想法倍增，边际效益递增，可助力企业降本增效。无论知识主体是个人还是企业，所拥有的知识禀赋都是有差异的，也就是具有知识的异质性，通过分享可实现知识的再整合，创造出新的价值就是容易的事。如知乎平台，平台中的交互者都可以获取有价值的信息，并通过再次交互，促进共同的知识增值。随着交互者的增多与交互再深入，就能产生聚合效应式的知识增量。

知识共享专栏 3-2

美锐电子科技：营造知识分享的企业文化

互联网时代分享的主题无处不在，企业也需要融入分享赋能的潮流之中。将知识分享作为企业在互联网时代创新与发展的动力源泉，企业有了知识分享的文化氛围，就能极大地发挥隐性知识的创新价值，从而实现创新发展。

一、公司简介

美锐电子科技有限公司（以下简称美锐）是美国迅达集团的一家分公司，美锐用不断的技术创新打造出一条独有的发展之路，成为集团旗下的标杆企业。

二、知识分享的赋能管理创新

分享是数字经济时代的潮流，分享可让隐性的知识显性化与价值化，让赋能效应无处不在。如图3-3所示。

"Best Practice"是迅达集团在全球推出的知识分享要求。基于此，迅达集团每年会举行一次知识与技能分享大会，主导者是集团工程部门与各分厂工程核心人员，要求参与者分享各自过去一年在工程技术与流程优化方面的突破与创新，集团也会对表现优秀的项目给予一定的奖励。

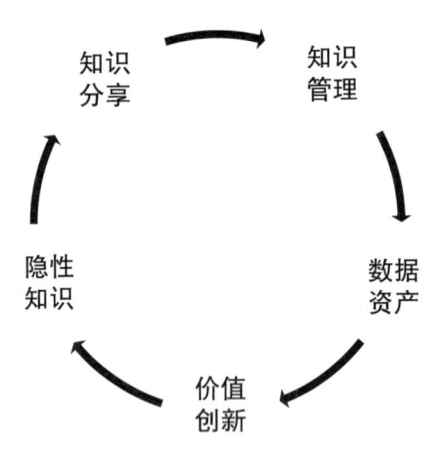

图3-3　美锐知识分享简图

通过分享，各分厂获得技术创新与流程优化方面成功的经验与技术，加快了各自工程技术改善与提升的步伐，减少了创新的时间与成本。集团也成立工程技术分享专门的团队，主导技术创新与沟通的平台，减少潜在问题的影响。

三、全要素卓越分享，打造以优秀为主题的企业管理文化

美锐的领导者摸准数字经济脉搏，在企业内部推出以卓越分享为焦点的优秀企业管理文化。即每个部门每个月要分享一个本部门做得比较好的项目，项目涵盖技术、流程优化、成本节约、管理创新、效率改善、培训教育等。通过不同内容的分享，可真正了解各自部门的工作，并且可将他人卓越项目的分享转化为各自工作中的方法并予以创新，如此极大地提升了企业管理团队的效能与积极挖掘创新项目的可能性。

四、全维度参与卓越管理创新分享

美锐在中高层管理方面推行卓越分享管理创新的同时，也将卓越分享创新的文化氛围延伸到基层。各车间也借鉴中高层的管理模式，深入基层一线推行卓越分享创新的文化，每天早会都要求提出至少一点本车间认为做得相对好的方面分享给大家。

通过潜移默化的知识分享赋能，无形中提升了团队与个人的能力，人人参与创新，人人参与卓越创新管理进程，企业的创新与改善将事半功倍。

（资料来源：笔者根据多方资料整理而成）

第二节　知识创新

数字经济时代，企业的组织结构被重塑，企业内部层级围墙被打破，职级已经不再是分享的障碍。由于数字化平台的出现，人人都可以在平台中分享自我所得、所长或建议，领导不仅是参与者，更是聆听者和汲取者、服务者，也是知识分享火花的制造者。知识分享让企业领导可以获得一些原本看不到、听不到的信息。决策不再是简单的拍脑袋与一言堂，而以数据为参考与依据。只有更多的数据与信息，才能提供更加精准与详细的参考，才对决策更有意义。数字经济时代的多变与不确定性是不容置疑的，企业的管理创新也要具有多变性与动态性的特点。从这个角度来看，知识共享对企业的价值主要体现在以下三个方面。

一、知识创新共享，驱动新动能

数字化转型就是要实现一线场景快速连接，在线数据导入数据库，业务数据交汇、沟通、分析与再利用，以及数据库分门别类再整理。

数字化转型是企业运用新一代数字与智能技术，推进企业转型升级、创新发展，实现更优经营绩效、更强竞争优势、可持续发展的过程。企业数字化转型涉及方方面面，从生产经营到运营管理，覆盖数字营销、智慧采购、智能制造、数据金融、智能财务、数字人力、协同办公，以及数智平台等领域。

在数字化转型中，中台或平台的搭建，知识共享与全员参与创造了有利条件，便利了交互方式，提高了人人参与的积极性与创造性。知识共享不但让接受者有所收获，也让共享者获得新知。接受者从共享中获得技能，进而可在自己的岗位上有所创新，可能是工艺的创新、技术的创新、方法的创新、管理的创新。共享不但能实现个人的价值提升，更能提高企业的核心竞争力与创新力。如果人人可共享，人人参与其中，企业的发展与增长就能势如破竹，成为数字化时代的独角兽。

知识共享在平台中的实现，打破了传统部门与层级之间的壁垒，盘活了闲置资产。当然，这其中也包括对企业内人员潜力的挖掘。众所周知，企业内或多或少都有一部分能力过剩的员工，从实际情况来看，企业如果能够将员工的这部分能力挖掘出来并加以利用，是可以获得更多创新价值的。如果企业不能利用好这个群体，随着时间的推移，这个群体会产生惰性，甚至流失。

"狂热星期五"是谷歌知识分享较为经典的做法，每个星期五的下午公司都要在总部举办一个大聚会（其他公司线上参与），管理层与员工面对面，沟通公司本周重要问题。后来为了照顾全球员工，大会的时间改为每周四，并在谷歌环聊（一款社交应用）中举行。这个活动为谷歌的创新与获取更多有价值的信息及知识带来更多空间与机会，也为谷歌的创新带来更多的驱动力，可以说是较早的知识分享模式，是数字经济时代融合与交互的代表。

知识共享不再限于主体组织或某些人，而是全员参与，人人都是企业管理创新的参与者，都被视为企业的老板，人人都是自由的、无约束的，从而使企业内部创业或个人创新成为普遍现象。企业为这些创新提供资金、平台与技术等支持与帮助，企业的创新发展与竞争优势就不可小觑。

二、知识创新共享，重塑新发展

知识共享是共享经济的一部分，知识共享不但有助于企业技术的提升，也利于企业知识的价值裂变，更有助于企业的管理创新。

进入数字经济时代，无论是个人还是企业，都进入了共享的时代，知识已经成为企业重要的资源。不同于物质资源，在使用过程中，知识不会被消耗，反而会随着共享与传播倍增。企业推行知识共享，建立知识共享的平台与文化，相对投入成本少，收益更多，可实现降本增效。知识共享有助于实现协同，可以把链式结构的沟通与交互，转变为网状结构的沟通，从而提升企业整体绩效。如图3-4所示。

图3-4 知识共享助推企业绩效简图

数字经济时代的知识共享，可以让隐性的知识显性化，让显性而被忽略的知识实现再生。也就是说，知识共享可以把隐藏于企业内的某些员工的特长赋能企业，实现价值裂变。

企业内部的知识共享，可以建立融洽的组织关系与人文关系，让员工不再单纯机械工作，而是知道为什么这样做及这样做的意义，在工作中注入感情与温度。

在这样的知识共享氛围下，内部实现沟通与协作，可让协同效应发挥得更加充分。特别是对一些大型企业或跨国企业，知识共享的重要性尤为突出，对这些企业而言，不能切实实现知识共享很可能导致重复研发与投资。一项技术在A企业已广泛使用，可能B企业还在苦苦研究或者在瓶颈处浪费成本，知识共享可以消灭这种情况，快速实现突破，既节约了成本，也有利于打造有效的学习型组织。实际上，很多成功的跨国企业就是善于知识共享而实现高效管理的，这些企业通过集团推动，创建有效的知识共享平台，从而获得协同效应。

三、知识创新共享，管理新维度

知识共享改变了传统从上至下的知识灌输模式，是企业所有人都需要参与其中的共生模式，是全员参与的新经济结构下的新业态。

新业态下不再依靠管理者个人的能力来运营企业，而是人人参与管理运营。员工是企业创新的主体与最活跃的因素，管理者多是从支持与决策的角度，从平台管理与数据中洞察商机。

管理者要积极推进知识共享的文化，建立促进知识共享的激励机制，致力于创造有利于员工创新发展的沃土。管理者就是园丁或护理师，重在大环境的培植与养护，为知识共享者与共享再创提供支持。

良好的知识共享氛围与文化中，员工在自由的空间共享知识与学习，必将产生较好的创新机会与方案。创新是互利的，且企业有好的平台支持，人人创新也是必然的。当一个企业里面出现大量学习型组织与创新型团队及个人，大家都为创新而努力，企业知识共享管理就成了重要工作。

关于知识分享有这样一个公式：$K=(I+P)S$，其中K指的是Knowledge；I指的是Information；P指的是People；S指的是Share。这个公式说明了知识共享的逻辑关系，管理者要围绕着I+P与S两个维度进行管理。这个公式也说明信息的交互才能创生新的知识。

知识共享专栏 3-3

蓝海集团：知识共享赋能企业精细化管理

知识共享是实现企业效益和协同化效能的有效途径，知识共享让企业各职能部门能够获取有利于自我的知识与技能，减少自我学习与研发的成本，可实现共赢与弯道超车。

一、企业简介

山东蓝海酒店集团（以下简称蓝海集团）是一家以中高档酒店经营为主，连锁餐饮、职业教育、现代农业、装饰工程等产业为辅的企业集团，综合实力在全国本土酒店中名列前茅。

二、消灭信息孤岛

蓝海集团原有的管理、财务与供应链彼此都是分开的，信息与数据也不能共享，导致各部门职能重叠，人员冗余，成本相对较高，酒店管理不能实现一体化，信息与管理机制的落实滞后，管理效能低下。基于此，蓝海集团打造全集团统一的平台管理模式，通过平台整合，实现了集约化与信息交流的快速化，促进了集团向更好的方向发展。

三、从智慧办公的角度深化企业信息化建设

平台共享与整合是智慧化办公和信息化建设的主旋律，除了全方位知识与信息的共享，蓝海集团还优化了酒店整个供应链系统，实现集约化，最大限度地节约酒店的采购成本。

平台智慧化，让酒店精细化管理成为可能，从基础采购到内部管控都采用细节化管理，还通过移动平台信息的快速交互，实现集团内部审批流程的高效。并且，平台信息的共享让管理者有数据可查，决策更加精准。

四、全方位信息与知识共享

通过全方位梳理与统筹，蓝海集团核心流程更加清晰，管控更加高效，形成上下贯通、横向协同的一体化高效管理数字化运营模式。

蓝海集团建立的内部平台信息交流，满足了企业多人员、多项目、跨部门、跨地域的业务沟通要求。基于文档管理模块打造的蓝海集团企业文档库，可统一汇总、统一检索酒店管理优秀案例、经验、制度等相关文档，提升了组织记忆力，提供给新员工快速学习的渠道。集团企业文档库让企业的知识分享与内部协作更为敏捷，赋能全系统更加高效运营。

（资料来源：笔者根据多方资料整理而成）

第三节　管理创新

知识分享需要高层的发起与推动,高层管理者需要创建知识共享的平台文化、机会与机制,把知识共享作为企业重要的愿景。管理者必须认清知识共享的意义,认识到知识共享是企业数字化转型的一条快捷通道,要努力把知识共享融入企业每一位成员的意识与习惯之中,让人人乐于共享。

知识共享是管理者对组织管理模式的创新,是对现有资源再创价值的探索,也是对企业知识管理的一部分。知识存在于个体之中,有显性与隐性之分,如何使隐性的知识显性化,挖掘那些有益于企业团队的知识,是比较复杂的问题。受个体差异性与矛盾意识的影响,知识共享需要管理者分门别类、有差别地对待。管理者要懂得如何让知识的拥有者愿意参与共享并形成科学有效的知识共享机制。对此,管理者要做好以下几个方面的工作。

一、管理知识成就管理变革

首先,管理者可以把知识共享方面的标杆企业作为引导案例,当然,推出企业内相对比较典型的案例或项目更好。让这类知识共享的优秀案例触动参与者并使之产生共鸣,在此过程中要注意多引导少指责。针对企业当下亟须解决的技术难题与项目进行知识共享引导,是更好的模式。共享者获得成就感,汲取者有所创新,都能转化为提升企业技术的创新能力。

如果能建立知识共享激励机制则更好。只要有利于企业,无论是管理、技术、成本,还是其他有益的知识或经验都可以在平台分享,从而在无形中营造一种知识共享的企业文化。

对于分享中的不同看法，需要管理者用敏锐的触角找到共识，最大限度地激发全员参与知识共享的积极性和创新性。

与此同时，管理者要明白领导者的影响力所能制造的化学反应，特别是企业高层领导，更需要对此重点关注。管理者不经意的评价与赞扬，就能激发团队或个人的效仿，形成企业内部一股正能量，从而构建起企业内部的知识共享新生态。在此过程中，管理者要基于企业创新所需，有目的地引导与助推，做企业内部知识分享隐形的"推手"，激发团队和个人的潜在能力。

二、管理知识成就数智建设

知识共享不是一句口号，是需要领导者亲自参与主导的，在知识共享的过程中，领导者的参与是让知识共享在企业持续进行下去的保障。知识共享是数字经济时代较好的赋能方式，也有利于所有参与者。领导者要与时俱进，不但要主导知识共享，更要做知识共享的参与者，打造持续学习与创新的企业文化。

在数字化转型过程中，大家都是摸索着前进的，没有既定的模式与方案，管理者的示范效应能对团队与个人知识共享产生很大的影响作用。

管理者参与并主导知识共享可以有效建立企业内部知识共享文化的氛围。领导者的作用主要体现在以下几个方面。

第一，领导者是企业战略的谋划者。由于领导者对市场信息的捕捉与洞察通常能够先于企业内其他人一步，所以也就能运筹帷幄，提前布局。在这个过程中，未必所有团队人员都能领会领导意图，因而需要领导者亲力亲为来推动与主导，否则，就可能出现纸上谈兵的局面，这个规律同样适用于知识共享。

第二，领导者的标杆效应极大地促进了知识共享。在知识共享的过程中，难免会有较多质疑的声音。领导者多次的知识共享示范，可以给员工更好的指导，让员工更深刻地认识到何为知识共享，知识共享的核心是什么，如何有效地进行知识共享，从而实现从最初的模仿到后续的创新，获得知识共享的最大成果。

第三，领导者主导点评知识共享案例，能够更加促进员工的责任心与创新意识。在知识共享中，人与人的理解存在偏差，未必能实现真正意义上的知识共享，也有可能为了完成任务而敷衍了之。领导者的点评可以直击要害，让大家认识到知识共享要基于团队的需求，要进行全方位有深度地进行共享，而非没有责任心的依葫芦画瓢。

领导者在点评中，对优秀的点子与案例要给予适当的表扬与鼓励，这样可以激起团队的竞争意识与战斗精神，使创新更有成效。

知识共享专栏 3-4

德赛集团：用协同文化成就飞跃发展

企业在发展过程中需要不断创新，找到适合自己的商业模式。特别是在当今竞争激烈的时代，需要企业在发展中求创新，在创新中求长远，在改变中找到一条适合自己的有效发展之路，找到有特色的数字经济时代的创新之策。

一、企业简介

德赛集团的前身——惠阳地区工业发展公司于20世纪80年代初创立。如今的德赛集团（以下简称德赛），不仅已成为拥有两家A股上市公司的国有控股大型电子信息企业，还面向全球开放创新，在德国、英国、日本、新加坡等多个国家和地区广泛布局研发网络，合作伙伴和客户中有30多家是世界500强企业。

二、追求卓越，持续挑战

德赛领导层始终秉持"追求卓越，持续挑战"的创新文化理念，在竞争中求生存之道，在稳中求创新，在创新中求协同，敢于割舍夕阳业务，勇于布局新兴行业。2016年，德赛就布局物联网与汽车新能源及相关产业，以"战略引领，创新驱动"为驱动力，逐渐在汽车自动化、新能源电池、工业4.0方面获得良好发展。2020年，德赛西威参与制订的汽车多媒体国际标准由国际电信联盟（ITU）正式发布。德赛也实现了与国内和国际知名企业的协同发展与联盟，获得了更多发展机会。

三、协同筑就企业集团创新文化

2018年4月，德赛前瞻性地提出了集团的"五个文化"——奋斗文化、诚信文化、协同文化、创新文化、绩效文化。集团的发展开启了一个新的征程，与高校联盟，促进技术知识的转化与落地，并且建立集团德赛学院，建立集团内部共享知识平台。优秀的文化、制度及知识在平台共享，德赛还引进外部专家与人才来授课，把内部知识共享与外部知识学习糅合在一起，实现知识落地与管理机制创新最优化，让集团的五个文化价值链的效应发挥到极致。

> 集团定期与下属各企业领导进行专题研讨，共谋发展、共话未来、凝聚共识、汇集力量，用共享模式串联起集团五个文化，推动各集团企业的转型升级与协同创新，走出一条高质量发展之路。德赛以实现"百亿工程"及"产融结合双轮驱动"促进核心竞争力的提升，坚持产品领先，推进管理变革，持续挖潜降耗，实现更高质量、更高效益、更可持续的发展。
>
> **四、集团内刊助推企业知识分享的新生态**
>
> 德赛很早就创办了集团内部月度专刊，分享集团各企业的技术创新成功和管理创新成功的案例，也分享员工的项目成功和技术创新好点子、好建议。集团内刊分享平台，给了集团所有成员较好的交流与分享机会，实现了集团协同效应和创新联动效应，促进了企业的创新成功和资源降耗。从另外一个角度看，集团内刊也激发起集团不同人才的跨界创新热情和积极性，构建起集团知识分享的特有模式。
>
> （资料来源：笔者根据多方资料整理而成）

三、管理知识成就模式创新

知识共享没有固定模式与规则，需要百花齐放、百家争鸣，也就是说，知识共享是没有一定之规的，只要是共享者认为有适合共享的内容就可以共享。不能仅限于企业内技术与技能或者管理创新及制度的共享，这种有框架的共享会限制团队，不能实现天高任鸟飞、海阔凭鱼跃的理想共享。

从这个方面来说，不同的部门可以从本团队擅长的方面出发，重在参与，只要利于管理、成本、技术、人员、绩效，或者利于新知识的学习，就可以共享。

保持持续有效的知识共享，可以从以下几个维度来考虑。

第一，激发潜力。企业要建立持续知识共享的机制，不能没有规则与约束。在制度制约下，大家就会慢慢由被动变主动，因为共享不仅能解决认知偏差问题，促进协作，也能让共享者的成就感逐渐增强。这里所说的机制是推动团队与个人参与共享的要求，即对所有的部门都要有定期共享的要求，这样就可以促使团队与个人发现优秀、创造优秀，并且不断提升团队与个人整合知识的能力。

第二，引导思考。在知识共享过程中，管理者要善于聆听，并敏锐捕捉有价值的信息，同时要在共享过程中恰如其分地激发共享者的再创潜力。领导者在这一过程中应多建议、少指责，这样就能极大激发起再思索，提升共享者的能力与认知。同时，领导者还要有意识地启发受众的思考，激发他们，实现赋能。

第三，营造氛围。知识共享不是某些人与某些团队的事情，而是组织全体的事情，管理者要从组织文化、组织学习、组织未来规划等方面多管齐下，构建企业内浓厚的知识共享文化氛围。

第四，激励机制。持续有效的激励机制是促进团队知识共享长远发展的动力。既可以每月评比，也可以每季度评定，由不同职级的人员打分，并基于成本或技术提升的数字量化，对优秀的知识共享给予奖励。除了物质奖励，精神方面的奖励也要同步进行，可以用"专业人才""创新大师""优秀分享专员""内训师"等优秀称号的授予来激励。激励机制一方面可以促进大家的参与热情，另一方面也能让工作中的创新与学习文化氛围更加浓厚，所有成员都在有目标的前提下快乐而为，企业获得利益就是健康的、丰厚的与可观的，对于团队的赋能就是必然的。

第五，企业知识共享平台便捷化。企业要打造利于全员便捷共享的智能化电子平台，开发企业知识共享APP，让知识共享没有围墙，实现价值创造快速迭代，提升企业整体实力与绩效。

第六，锤炼有"野心"的员工与团队。企业的员工如果没有激情与发展愿望，是不利于企业的创新转型和适应数字化时代动态多变的情况的。企业管理要从这个方面努力，绘制有利于员工长远发展的宏伟蓝图，锤炼一批又一批有"野心"的员工，构建起宽阔的职业发展平台，知识共享又将助力知识型员工增多，精英人才与专家团队增多，也更有利于企业的创新。

章末案例——华为：让知识和经验为公司创造价值

知识只有转化为能力与价值，才能体现它的力量。知识是取之不尽，用之不竭的，关键是如何把隐性的知识显性化、价值化。数字化转型过程中，对企业来说重要的就是把"冰山下的知识"挖掘出来，并转化为企业资产，为创新与价值的创造提供支持。

一、知识管理支撑起企业的未来

知识管理是研发的需要，在研发过程中，对技术难题的突破是需要大家同心协力进行探讨与知识共享的。华为在研发的道路上，遇到难题与瓶颈时，内部研发对知识共享的呼声很高且意愿强烈，给企业的创新带来一定的助益。而且，企业领导也认识到各种信息纷繁复杂，共享平台也很多，大家在论坛上总结、转载、分享，其实也要花费很多时间。同时，知识如果只是停留在分享、堆积，大家都不用，或者跟实际业务没有关系，那就是在浪费。因而企业建立起知识共享与管理的专业团队，梳理共享知识的潜在价值，并且提高知识转化效率。

知识只有被使用，转化为有成果，才能支撑企业的发展。

二、知识管理加速知识共享的科学转化

知识是无形的东西，即便能共享出去，如果未被整合和挖掘也是无形的东西，因此，华为推行一系列促进知识从无形到有形的转化机制，对不同级别的人员提出了不同的知识共享目标。通过企业内部知识管理，让每一个人的能力得到提升，能够快速找到所需的知识与经验，加快问题解决的速度，员工在无形的知识共享中被赋能，企业价值得到提升。

为了便于员工对共享知识的使用，知识管理团队推出了移动版知识管理系统，员工都可以随时便捷地找到所需要的知识。同时还推出了ELearning平台（主要是基础知识）与LVC（虚拟教室系统），员工不但可以共享知识，也可以通过平台学习知识。

三、向员工与组织赋能

知识需要转化，需要传播，从而实现新的价值创造。基于此，华为成立了企业内部大学，宗旨是向员工和管理者赋能、萃取公司的组织经验、管理公司的知识资产。企业内优秀的人才是内部大学的骨干力量，经过面试与考核内聘为大学内训师。他们基于自己多年的工作经验，把成功与失败的案例共享出来。案例教学是华为内部大学的特色。

由于讲师大都来自企业内部，了解大家的所需与所求，所以能尽最大努力把知识共享给大家，让大家在后续的工作中有参考与对照，降低了失败的风险。另外，华为内部大学也建起案例库，鼓励内部人才与管理者投稿到案例库。

四、总结与启发

第一，知识产生的价值需要共享，更需要有效的知识管理。只有知识被利用，被科学地利用，才能产生力量与价值。认识到知识共享的意义，有针对性地进行挖掘并管理与利用，可让隐性的知识变成有价值的资源。

第二，知识共享是趋势。科技创新发展，人才很重要，而人才是需要持续不断给养的。为了团队能创造更好的价值，就需要源源不断地为之提供快捷便利与"有营养"的知识，从而缩短研发时间并降低研发成本，加速技术与产品的迭代更新。

第三，知识共享需要有效的激励机制。任何事物都有两面性，因而要做到权责统一，利益共生。脱离有效的激励机制，知识共享可能难以持续。在共享知识赋能过程中，持续获得创新知识的动力也是比较重要的。

第四，知识共享"适合"很重要。行业不同，企业不同，企业内部的机制与人员素质也各不相同，故而知识共享与知识管理需要基于企业的需要与环境慢慢展开，走出一条适合自我发展的知识共享之路。

第五，数字时代数据是核心资产。数字时代需要企业把企业内隐性与显性知识最大限度地挖掘出来，形成企业独有的数据资产，打造出有企业特色的数据资产，从而为后续更好发展提供支持。

（资料来源：笔者根据多方资料整理而成）

【本章小结】

数字经济时代的到来，提出了共享赋能的要求。既然数据是核心资产，那么企业就需要全视角认识知识共享，认识知识共享的价值与意义，并且多方举措打造属于企业的有特色的知识共享方法与策略。在此过程中，企业领导需要亲自主导，企业的机制也要做出相应的改变，让知识共享持续不断地为企业的创新与发展提供新力量与新价值，将一些潜在的隐性知识显性化，进而转化为企业的资产和创新的源泉。

第四章

协同创新赋能

互联网信息时代是知识整合与创新知识的经济时代，在VUCA时代大背景环境下，企业不再是靠单打独斗来赢得机会与市场。在这种环境情况下，企业的生存与发展来自成功的战略合作，而不是你争我抢的单纯竞争，特别是对于高科技企业与知识密集型企业来说，此举尤为重要。在复杂竞争的动态环境下，需要整合全方位的要素，通力合作，群策群力来实现协同创新。

构建协同创新平台，可以实现阶梯登高，充分释放和有效集成信息、技术、资本、人才等各种创新资源和要素，提升自主创新能力和科技创新整体效能，推进科技创新驱动发展。如图4-1所示。

——特变电工 张新

【学习要点】　协同创新的含义
　　　　　　　数字化转型中协同创新对企业的价值
　　　　　　　实施协同创新的措施
　　　　　　　协同创新能力在数字化转型中的价值与意义

开篇案例——特变电工：协同创新是企业持续成长的助推器

协同创新是一个过程，包括组织内外多个参与者共同创建与开发新技术、新产品，并进行服务创新和管理创新。协同创新既有相关客户、供应商和利益相关方的参与，也有潜在利益方的参与，可实现知识、技术、经验、资源等的有效协同。协同创新同时也指企业与相关科研机构、学校等协同各种要素实现创新的过程，可实现联合创新创业最优要素的集成，并达成创新目标与获得创新成果。也就是说，协同创新是多个主体之间知识、资源、行动以及绩效等方面的整合，是实现知识上的共享、资源上的优化配置、行动上的最优同步、系统上的最佳匹配等方面的融合，是实现创新要素的系统优化和合作创新的过程。

一、企业简介

2000年成立于新疆乌鲁木齐的特变电工，经过20多年的发展，目前产品与技术涉及光伏、风电、电力电子、能源互联网等领域。近年，在"碳达峰、碳中和"目标及"成为全球卓越的绿色智慧能源服务商"驱动下，特变电工在风力与清洁能源方面有了更好的创新发展，并获得多项重量级大奖。

二、"产—研"协同创新

特变电工在发展过程中，重视产—研结合，与多家高校和科研单位建立了协同创新合作关系，在光伏、微电网、电力电子产品等技术领域开展了20余个项目。

三、"产—研—众"协同创新

在人才引进和培养方面，特变电工引进各类专业化、创新型人才，拥有强大的科技人才队伍，国际化人才比重每年递增。公司先后建成博士后科研工作站、院士工作站、国家工程实验室、国家认定企业技术中心、高层次人才工作室、技能大师工作室等科技载体平台，为特变电工走上科技兴企之路提供了智力支持。

四、能源与制造协同创新

公司以"能源战略+高端装备制造"为引擎，依托一带一路相关产业要素，构建协同创新平台，实现信息集成、技术、人才等创新资产的提升，实现资产与技术的借力成长，为企业再次腾飞提供了新动能。

五、总结与启示

第一，信息化与数字经济时代，协同是时代主旋律，企业与企业之间，行业与行业之间的边界模糊化，可实现协同创新与资源共享。特变电工顺应时代的潮流，建立企业协同创新战略，用协同的思维面对发展中的一切，获得了较好的协同创新成果，成为数字化转型中诸多企业学习的榜样。

第二，在协同创新中，把企业内外产业链与相关资产串联在一起，用协同的思维获得创新资产与技术。打破传统闭门造车的固化思维，把协同创新的效能发挥到极致。协同促进资源跨界共生，协同效能又助推企业登上一个新台阶。

第三，协同创新的视角更加广阔。特变电工不但从横向与纵向协同创新，还把协同创新的视角扩大到外围，打破边界实现跨界融合，把协同创新的价值与影响力做到更大。打破边界实现全要素的协同创新是驱动价值共生的核心力量。

（资料来源：笔者根据多方资料整理而成）

第一节　协同创新新范式

协同创新是企业有效汲取各方资源，实现价值最大化和实现协同效能的数字化转型的优选之策。协同创新也是企业提高核心能力和快速发展的最好对策之一。在数字经济时代，人人都是有能力与价值的创新者，每个行业和每个企业都需要协同所有可以协同的资源要素，实现更好的协同创新效能。

一、协同创新发展

协同（Synergy）最早由战略管理专家伊戈尔·安索夫于1965年在《公司战略》一书中提出，在该书中，协同被认为是在资源共享的前提下，两个或者多个企业之间产生的共生互长的关系。书中还提出企业协同的核心目标是创造价值。从那以后，企业逐渐开始重视企业之间、企业部门之间的协同作用。协同也被一些企业视为企业战略管理的重要组成部分。而且由于资源的有限性与稀缺性，无论是对个人、团队，还是企业，资源都是相对有限的，主体在发展的过程中，总会碰到资源天花板。组合有限的资源（包括人力、技术、信息等），让其获得重生价值与整合价值，就需要协同合作，使有限资源被参与协同的利益相关者吸收、转化和利用。协同创新是企业不断创新发展的动力所在。

1976年，德国物理学家哈肯在他所著的《协同学导论中》系统地阐述了协同理论。协同理论指出，在整个社会大环境中，各系统与部门相互关联与相互影响，指出各单位之间的相互配合与协作、部门间关系的协调、企业间的相互竞争，以及系统中的相互干扰和制约等作用。可以说，协调促进协同，系统间协调关系促进协同作用，让系统的各个部门之间与个体之间相互协调配合，为了共同的目标齐心合力，从而产生聚合效应，实现1+1>2的效能。

知识经济时代，协同创新（Collaborative Innovation）成为企业获得核心竞争力的必由之路，协同创新也是企业有效利用企业内外各种资源的有效途径之一。在协同的过程中，知识与信息的共享与传播，对不同的人与不同的团队来说，都容易产生新的知识。并且在协同中，闲置资源、技术弊端、巨额成本等问题可得到解决，从而可加快技术创新迭代，少走弯路，实现超车。

从某种意义来说，协同创新也是打破壁垒、冲破层层枷锁的有效策略，协同带来的是新希望与新机会。协同不会削弱原本的核心优势，反而会获得锦上添花的价值与技术。协同也是适应数字化时代知识共享的创新之举。无论是个人、企业，还是国家，都应秉持命运共同体的协同意识，用开放融合的心态拥抱这个时代，这正是创新发展的关键。

二、协同创新战略

战略协同就是消除过往管理中的各种孤岛（信息孤岛、目标孤岛、行动孤岛、战略孤岛等），实现多系统融合集成，确保组织上下和内外的一致性，形成组织结构化，获得较好的协同效能和组织利益最大化。数字化转型也就是要打破边界，实现多边融合的跨界协同。协同创新战略一般来说包括以下三个方面。

1. 创新生态化

数字化转型不仅是技术创新，更涵盖了生产组织、经营管理、战略运营等全方位的变革。因此，组织的智能化、数字化、平台化、生态化，是数字化转型中需要稳步推进的工作，要以客户需求为焦点，以产品智能化、能力平台化、服务场景化、价值生态化为抓手，构建共创、共赢、共生的数字化生态系统。数字化成功的企业，如海尔、阿里巴巴、亚马逊、西门子等，其一个共同点就是组织构建了平台新业态的生态系统，进而协同生态内的各类资源实现协同效能。因此，应以数字化驱动生态化，即以"数字化+生态化"的模式促进组织的快速数字化转型，赋能于组织各系统的各环节。

2. 生态协同化

生态协同化不仅要关注组织内部，还要关注组织外部，生态协同要在内外共同推进，注重全员价值能力、生态能力的共享，把组织内外的信息、数据、流程、组织等能力平台化，融通内外，实现良性融合，使组织成员获取知识、信息、技术等便捷化，并能高效运用，进而支撑起组织内生态的再创新。要从过往的生态合作转化到生态协同，实现新的权力分配、角色配置，打破组织内外边界，让成员在新组织内协作，实现高效运营。

生态协同化不仅要关注组织成员、客户和供应商在生态内的融合和与协同，也要关注组织商业模式的创新，通过对数据的敏捷获取能力促进业务再创新，实现生态协同的内外兼顾。

3. 协同创新化

"技术创新+商业模式创新"双轮驱动的模式是驱动协同创新与实现数字化转型的核心引擎。数字经济时代技术迭代的速度日新月异，只有技术创新与时代同轨，企业才有可能生存下去，商业模式也要与数字经济的快速变化相适应。技术创新和商业模式创新推动着组织转型步伐的加快，企业要从不断磨合中找到适合本组织的创新模式。当然，协同创新没有既定的模式与规则可循，需要不断摸索与尝试，需要组织管理者用数字化发展的长远战略眼光来谋划，构筑协同创新共同体。

三、协同创新能力

有创新的基础、生态与能力才能实现协同效能，其中协同创新能力是关键。协同创新的能力主要指以下四个方面的能力。

1. 协同能力

协同能力是数字化转型中协同各类资源为组织创新所用，实现组织技术创新和商业模式创新的重要能力。数字化时代，数据、资源、信息、技术等海量增加，需要协同各方的能力实现知识搜索、知识整合、知识转化与利用。要能从创新生态系统中获取客户的需求，通过与客户的融合与交互实现对客户知识的获取、共享和利用等。在企业转型的过程中，复杂的、不确定的因素多，企业的技术创新与产品创新需要协调各部门、相互关联的供应商、生态系统中潜在的价值贡献者共同承担相应的责任，通过具体的分工，协同攻破技术难题与合作中遇到的问题，促进为了同一目标的跨界融合，给出可行的解决方案，提升企业创新效率。

2. 吸收能力

数字化转型中，数据是驱动创新的动力，具有对数据的认识能力和吸收能力非常关键。只有认识到数据的价值才能将其转化为组织资产，才能实现整合、吸收转化和利用。企业未必能真正掌握客户的需求，客户提供的信息与数据有可能是不完整的，或者客户仅从自身角度考虑，而忽视了数字经济时代的共赢原则，为了减少这些理解偏差，就更需要加强对信息融合的深层认知。有了对知识与信息的共赢思维并能对之有效吸收，才有可能降低信息传递的误差，也才能缩短研发的周期。与此同时，通过对信息全面的认知和与客户的交互又能找到新的共赢模式。

3. 协调能力

在数字化转型中，组织的协调能力是促进高效创新的关键。通过协调打破边界与框架，可使游离散乱的资源得以合理配置，获得较好的杠杆效应。企业与客户协同创新的过程中，协调能力是有效获取客户知识，获取客户异质性资源与实现共享的接口。组织与客户协作程度越高，越有利于信息与知识的融合，组织与客户的协作关系才会更好，才能从共赢的角度获得技术创新。在技术迭代快速的数字化时代，客户参与组织创新实践，可使知识共享、整合、转化相对高效，也有利于形成利益最优的协同创新的组合。

4. 关系能力

关系能力指整合与客户关系的能力。在数字经济时代的生态中，组织都是开放的、没有边界的，关键是谁能管理好与客户的关系。在与合作者关系的发展中，管理能力和培养能力可使企业在与客户协同创新中促进客户积极参与到组织创新活动中来，企业与客户便能实事求是地提供对方所需的知识、信息、技术与经验等。这种互惠互利的关系能力促进了知识的获取和共享，利于各方获得更多异质性资源。知识的获取，反过来又促进了企业内成员的知识积累，赋能于企业员工，激发组织成员的创新激情。另外，组织与客户在协同创新过程中，可以有效地捕捉市场信息，把握市场机会，促进企业的技术创新以满足市场需求。

　　数字化时代以数据为核心要素，数据是企业创新与发展的重要资源。获取到的数据需要各种整合与转化才能发挥价值，需要组织能敏锐地捕捉到有价值的信息，通过企业拥有的各项能力实现协同，进而把数据转化为企业资产。在协同过程中，企业内部、供应商、客户与相关产业链大都通过数据实现连接，形成较大的协同生态圈，实现了有效的资源整合。

协同创新专栏 4-1

浪潮：通过协调，实现协同

　　协同创新对互联网时代的企业而言不可或缺，通过参与协同，利益相关方贡献各自独有的价值要素，可实现产品创新并加速迭代。协同创新不是自发实现的，是需要管理者的引导与协调的。

一、企业简介

　　浪潮集团（以下简称浪潮）是中国本土大型IT企业，经过多年发展，浪潮目前已成为全球领先的人工智能计算知名品牌，是中国领先的IT应用解决方案提供商，同时也是服务器制造商和服务产品解决方案提供商。浪潮旗下拥有浪潮信息、浪潮软件、浪潮国际三家上市公司，业务涵盖了云数据中心、云服务大数据、智慧城市、智慧企业等板块，形成了可提供基础设施、平台软件、数据信息和应用软件四个层面的整体解决方案的服务能力，可全面支撑数字化转型，已为全球120多个国家和地区提供IT产品和服务。

二、协调促进协同

企业内各部门不是信息孤岛，也不是个人或团队意识的智慧孤岛，而是企业内部协同关系的重要组成部分。在企业内部网状结构联系中，人与人、人与物、物与物都不是孤立无援的，而是用同一个目标紧紧连接在一起的。浪潮管理者始终用协同创新的战略思维去武装"浪潮人"，去推动内部的协同创新，协同创新的战略思维在浪潮内部营造出崭新的共生理念新业态。协同创新的浪潮GS Cloud 3.0平台，为浪潮内部的协同创新快速实现奠定了坚实的基础。浪潮GS Cloud 3.0平台以"全方位体验能力、集约共享能力、数智驱动能力、开放融合能力"四大数字化能力，重构业务敏捷响应力，助力高质量发展。数字化平台的建立，促进了浪潮数字化产业转型的加速。平台让人与人的交互、人与物的连接、物与物的信息集成加速，也促进了数据转化为企业创新资产，让企业的创新与产品迭代的速度加快，使企业在云计算、大数据、人工智能、工业互联网、新一代通信五大核心业务方面有了新突破。

三、协同创新给企业跨界插上了腾飞的翅膀

浪潮对协同创新从内及外全方位的发展，给企业的跨界带来更多的可能，通过与不同行业的深度融合，浪潮5G正发挥出越来越大的价值。浪潮实现了共赢与协同创新再成长，跨界融合为企业带来新的发展空间与可能，给企业的协同创新插上了腾飞的翅膀。

（资料来源：笔者根据多方资料整理而成）

第二节　协同创新新认知

知识经济时代，技术的更新迭代只争朝夕，互联网信息技术的发展，让企业之间的边界变得越来越模糊，技术壁垒也在无形中被打破，使快速实现技术创新赶超成为可能。如果企业仍然沿袭传统的模式来创新发展，则将把自己置于被淘汰的边缘。故而，实现企业内部与外部或企业内部各系统的协同创新就成了重中之重。企业协同创新的意义有以下几个层面。

一、现代化经济发展

数字经济的发展为企业的转型与再次发展提供了新的可能与机会。数字经济背景下，企业要实现业务发展，利用数字化信息实现协同创新就是最好的机会。工业经济的生产要素主要包括劳动力、资本、土地和企业家才能等，而数字经济时代，数据成了核心生产要素之一，对数据要素的有效使用，将驱动经济社会的创新与发展。数字经济指以数字化的知识和信息作为关键生产要素、以现代信息网络作为重要载体、以信息通信技术的有效使用作为效率提升和经济结构优化的重要推动力的一系列经济活动。在这些活动中如何有效协同与协同创新是首当其冲需要改善与提升的地方。面对不可阻挡的来势汹涌的数字化大潮，众多企业纷纷进行数字化转型来提升企业的业务协同能力，从而更好地满足市场的需求和加快企业自身的发展，实现协同创新。

第一，建立企业内部协同创新的平台。实现协同创新，企业管理者首先要搭建协同创新有形与无形的平台，给企业实现协同创新提供相应条件。

在有形的协同创新平台上，企业管理者可通过公开对协同创新项目与案例表达赞赏与激励而营造有形与无形的生态，还可以身体力行地参与协同创新的各项活动，包括参与企业内不同部门成功项目的分享，对参与其中的成功者给予精神与物质奖励。无形的协同创新平台，就是通过对有形协同创新的支持与激励营造出的协同创新环境文化。企业需要根据本身的发展情况和未来战略，建立适合本企业的协同创新平台。通过协同创新平台，企业内各项业务和外部的连接更加紧密和高效，从而可促进企业协同创新发展并从整体上促进企业的创新。协同平台提高了企业间和企业内的协同效能，减少了人力成本的浪费，可让企业实现整体利益最大化。

第二，建立协同创新"智慧大脑"。通过协同创新平台获得的信息与知识等，通过整理、探索与分类成为企业的数据集，再通过协同创新平台的智慧大脑对之进行分析与归类，相关需求方就可以有针对性地获取信息与进行再创新，实现协同创新效能。协同创新可减少争执与矛盾，减少业务重复与进行技术开发的成本，减少人力成本，使企业效益最优化。在这个方面，培养与建立具有专业水平和数字化技术的人才与团队，是获得企业协同创新智慧大脑的根基，数字人才能够有效利用数字化技术，将数据与企业业务结合到一起，有效整合企业资源和外部资源，实现企业的协同创新效能。

第三，建立协同创新的生态圈。协同创新的生态圈覆盖企业各项业务之间的协同、企业之间的协同和企业供应链的协同等，是全方位的协同结构。这个大的协同结构主要通过数据实现连接。协同生态圈打破了边界，实现了协同共生式创新发展。在这个协同生态圈内，所有参与者都可以自由地共享各自的信息与技术，可以对他人的建议与方案反馈，并通过融合与交互实现协同合作。协同创新的生态圈可提升搜索知识、整合知识、创新知识的协同价值，为企业创新提供海量的数据资源。

第四，建立协同创新的企业文化。协同创新的文化氛围与机制，会激发企业全员更加积极地参与，实现更好的创新。协同创新文化不但有助于组织学习、技术创新，更加有利于激发全员的协同创新积极性与参与性，利于实现对员工的赋能。协同创新的企业文化是企业的软实力和隐形核心竞争力，良好的协同创新企业文化是企业持续创新的坚实后盾，是其他组织拿不走学不到的。

二、智慧化技术迭代

技术创新是企业发展永恒的话题，技术创新也是体现企业核心竞争力的关键因素。无论是多么优秀的企业，技术创新总会面临许多困难与瓶颈。技术距离是衡量企业与前沿技术差距的重要指标，技术距离越大，企业离淘汰的边缘也就越近。

故而，企业需要不断升级技术，不断促进协同创新，通过技术追赶与弯道超车获得技术领先地位，改变对外部技术的依赖。对内部资源的协同创新是企业创新中最易忽视的部分，一般来说，传统的企业技术创新更多依赖于外部、依赖于校企联合或技术外包，对内部资源的挖掘或激发相对较弱。由于信息技术的发展，任何人都更容易获取知识，也让更多人参与到自主学习中去，从这个方面来说，人人自我增值的可能性越来越大；另一方面，企业内部也存在一批能力过剩的员工，他们是企业内被埋没的资源，也极易给企业带来创新与价值。激发这两类人的潜力就是对内部资源的协同创新。

企业应缩小自身技术与前沿技术的差距，实现技术的协同创新效能，从而发挥后发优势，确保企业发展战略有效实施。通过协同创新整合出来的核心能力，是其他企业无法模仿与赶超的。企业构建的协同创新业态，使知识存量增加，学习氛围浓厚，获取知识的能量也就能增多。企业的技术创新也会因获取知识的增量而获得更多的可能，技术成果也会激发员工跨界，进而形成企业内赋能新生态。

协同创新专栏 4-2

阿里斯顿热能产品（中国）有限公司：全产业链的高效运作与协同

跨界协作与融合是当今企业创新发展的新高地，只有不断深入协作，打破企业围墙与行业围墙，才能获得更好的创新机会。协作创新已经成为这个时代发展的关键能力，企业必须以协作为重点，围绕协作在各个领域汲取有利的知识、信息与技术。

一、企业简介

阿里斯顿热能产品（中国）有限公司（以下简称公司）是供暖热水系统及服务供应商，向世界各地提供领先的节能环保和可再生能源解决方案，在家用、商用及工业用热领域获得了较高的声誉。公司在供暖电器市场竞争残酷、技术壁垒不高的环境下，通过不断加强协作的力度与协作创新，让企业获得了较好的市场认可。

二、与C端市场客户协作，从核心技术创新来满足需求

公司管理层认为产品创新最终离不开市场的认可与满意，基于此，本着为客户服务、以客户服务为中心，公司通过深入一线市场调研，再通过与

产业链中的合作伙伴跨界融合，共同研究怎样将更好的解决方案带给终端用户。公司让产品创新更加贴合市场需求，从而使以C端为焦点的协作创新打开了市场。

三、用数字化实现协同创新

数字化是知识经济发展的有效工具，数字化可有效连接前端产业链上的合作商，把终端市场的需求与个性化要求回馈给企业，解决好渠道与用户沟通的问题。数字化从用户需求感知、需求引导，到产品咨询、方案设计，再到后期的安装维护服务，乃至用户口碑裂变，实现全周期、多维度沟通交互。并且，针对不同客户群和不同渠道，数字化可提供个性化、多元化、重体验的解决方案及服务，实现全维度协同创新。

四、全产业链协同，实现共创共享价值

公司为了发挥协同创新价值的最大化，将全产业链上的企业、加工商、经销商、服务商、客户等通过数字化实现了无缝连接。公司与合作伙伴构建起一个良性高效的生态圈，把用户留在生态中，在生态中实现了价值的创造与共生。

（资料来源：笔者根据多方资料整理而成）

三、共享化人才提升

知识经济时代是共享竞合的时代，共享已经成为这个时代个人与企业成长发展的重要命题。在万众创新的大环境下，共享成为发展重要的驱动因

子。协同创新就是以协调、共享为主的有序组合，目的是实现全员价值。

在信息技术快速发展的当下，企业要基于多元协作的需要，打破固有思维与壁垒，用共享包容的融合心态突破行业边界、技术边界，实现全新的协同创新模式。将被认为无价值的知识、信息、闲置资产等通过共享转化为可以被利用的资源，就是协同创新的目的。在竞争日益激烈的市场环境下，协同创新是实现跨界协作并为企业创造价值的重要措施之一。协同创新跨越了部门限制、企业框架，使不同专业、不同组织、不同时空的人为实现一个共同的目标而组成了多维的、协同共生的网状结构组织。在这个网状结构组织中，任何人都可以发挥各自的协同作用，全员价值得以实现。

四、整合化知识扩容

知识经济时代，人与人、人与物、物与物之间的连接更加紧密，闭门造车的时代已经一去不复返了，需要的是信息与数据的融合，使海量数据产生裂变与聚合。基于知识整合理论与耦合效应，在知识协同创新中，更容易获得新的知识与有价值的资源，而且协同过程中知识会倍增，并可再次用于企业创新。实现以上过程需要协同创新的意识与数字化思维。协同创新也是实现资源价值最大化的有效途径，协同创新可以把A企业的成功经验与技术共享给集团其他企业。集团其他企业可以基于各自的需求，有选择地汲取，再通过内部整合、创新，转化为本企业技术和工艺的创新，大大降低了创新的时间成本与财务成本。同样，A企业又可以在其他成功企业的技术基础上，再次有更好的创新与改进，实现协同共赢。在这个协同创新活动中，知识与信息不断整合裂变，实现知识存量增加，为持续创新奠定了坚实基础。

知识经济时代以知识创新为主要驱动力，企业都在知识创新的道路上深耕与协同。知识创新需要打破边界的框架与约束，深度融合、学习、汲取。在没有边界和框架约束的知识协同环境下，知识的创新才会更多、更快速，才能实现优势互补，取长补短。另外，在知识创新协同的过程中需要认清知识创新的特性，为协同创新提供明灯与方向。

第一，知识创新需要知识的积累。知识创新就如耕种，没有肥沃的土地，便难有丰收的场景。故而，知识创新需要知识的积累，而知识的积累来自所有人的协同。在协同中知识得以不断积累为企业的可创新资产，知识的创新有了基础与可能。认识到这一点，企业就要努力提升对知识的敏锐洞察能力和获取能力，获取更多异质性资源，实现企业知识存量的增长。

第二，知识创新不是偶然的结果。不是有了知识的积累就可以创新，而是需要一个对积累的知识的协同融合的过程，使积累的知识被汲取与利用，从而促进创新。在企业内部，无论是显性知识的再创新，还是隐性知识被挖掘利用，都不是主动发生的。只有构建起企业内部知识协同创新的生态圈，才能形成循环往复的知识协同创新。如图4-1所示。

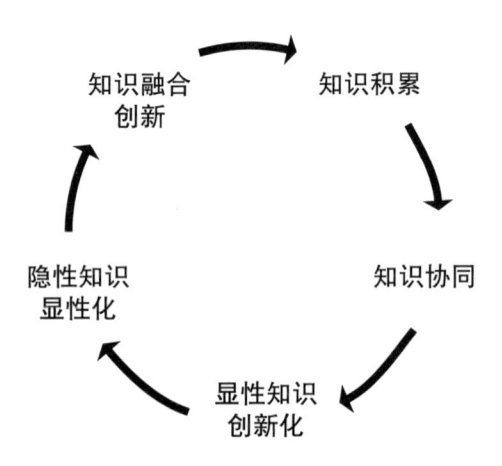

图4-1　企业内部知识协同创新生态圈

第三，知识创新并不是人人都可以完成的自我创新。一般来说，普通人的知识创新并不是自发完成的，即便想创新，也未必有方向与好的想法，往往是外界的刺激才让人茅塞顿开，这可视为一般意义上的协同，即通过外力或者他人的赋能，让自我创新实现。对这一点，企业管理者要学会激发全员的知识创新和价值创造热情。

第四，知识创新与技术创新是相互驱动的。知识创新是技术创新的关键驱动力，技术创新是在知识创新基础上的转化与再利用、再创新。在技术创新的过程中出现的新难点与技术瓶颈，又能反过来促进知识创新。

五、创新化跨界融通

知识经济以创新为主要驱动力，创新是企业内实现全员价值，激发全员价值的有效途径。协同创新能够最大限度地激发企业内潜在的资源，是促进与激发企业内跨界与破壁的比较好的策略。协同创新不但可以驱动企业内的跨界生态，也可以搭建企业内获取异质性知识的赋能生态结构，如图4-2所示。

企业知识创新与技术创新可打破过往对外部的过度依赖。过度依赖外部的知识创新与技术创新，有时可能会滞后，也有可能会水土不服。外部知识与技术转化为企业知识与技术的过程需要时间，可能就滞后于迭代快速的大环境。故而，对于一些企业来说，内部的创新与创造可能更有利于企业的快速发展，也就是说，企业内部细节创新更有可能给企业带来新的市场与机会，毕竟内部成员的细节创新是需要时间最短，成本相对低的创新。企业内部如果能有较好的协同创新平台与氛围，就有可能激发企业内一些能力过剩的员工，让他们主动跨界，将个人知识、技能、经验等通过协同平台共享，实现知识与技能再整合与再创新，实现企业更好的协同创新。

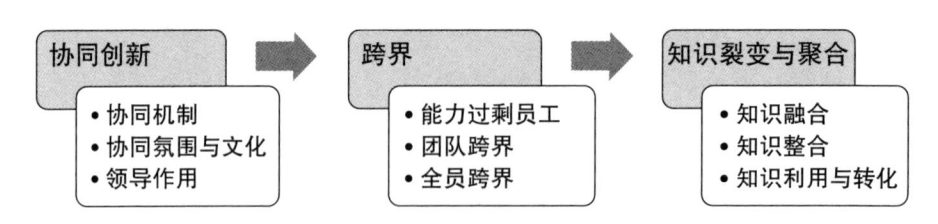

```
协同创新  →  跨界  →  知识裂变与聚合
• 协同机制      • 能力过剩员工    • 知识融合
• 协同氛围与文化  • 团队跨界       • 知识整合
• 领导作用      • 全员跨界       • 知识利用与转化
```

图4-2　企业内协同创新跨界生态

对企业内部少数人的跨界，如果企业领导能较好地引导，会激发更多的人参与到跨界中来，企业内就能构建跨界赋能的生态结构。良好的跨界赋能生态会让知识创新、知识整合、知识利用与转化发挥到极致，也能形成1+1>2协同创新跨界赋能的新生态。在这种良好的跨界赋能生态中，个人的价值得以体现，个人的职业生涯充满希望，企业的核心能力与创新能力也必将得到较好的提升。如果不能激发企业内有潜力的人员跨界，这个群体会消极怠工，甚至离职。对这个群体，企业管理者要注意引导，给他们更好的平台与空间，有针对性地激励，政策方面也要有倾斜，激发他们实现价值。

协同创新专栏 4-3

阳光电源协同创新，引领风电创新

企业在发展成长的过程中，瓶颈问题是难免的，关键就是遇到问题如何高效地解决。企业从创立之初的快速发展到低速成长，想要突破和降本增效，协同创新是关键的抓手。

一、企业简介

阳光电源是一家专注于太阳能、风能、储能、电动汽车等新能源电源设备研发、生产、销售和服务的国家重点高新技术企业。经过20多年的发展，企业的产品已销往全球约150个国家和地区，2021年入选《福布斯》中国最具创新力企业TOP 50。

二、建立协同创新的文化与机制

企业管理层始终把创新视作管理战略的重点，在创立之初就把创新的基因融入企业。比如，风电机组的每一个部件都不是孤立的，需要部件间耦合，技术与系统的创新也需要协同，否则创新就只是单方面的，可能对整体利益不大。

三、共享共创，实现协同创新效能

企业为了发挥协同创新的最大效能，基于每个月的技术与管理分享会，打造协同创新共享知识的平台，让参与其中的人能从中汲取有用的知识与信息，并将之转化为新技术与新方法。而且，通过协同平台上的分享与交流，也融合各方，加深了理解与合作，让协同创新更加高效。

另外，为了找到优质供应商，发挥较好的协同效能，企业也与供应商沟通达成一致，共同推进，激发供应商的创新与优化，通过桥梁作用，实现共赢。

四、深入客户，满足需求

深入了解客户的需求，是实施研发活动的前提条件。企业围绕研发、测试验证、质量管理、服务等环节，从客户的角度进行创新与改进，把协同创新贯穿到产品立项、研发、生产，一直到市场整个生命周期。

（资料来源：笔者根据多方资料整理而成）

第三节　协同创新新效应

互联网信息化时代，万物互联给整个社会的协同创新提供了基础与可能，关键是企业如何对待协同创新，如何为协同创新创造更多有利的条件与机制。

知识经济时代的企业创新发展边界已经变得模糊，企业与企业之间、行业与行业之间的围墙被打破，并且跨行业的协作也成为必要。当今的企业发展，已经离不开协作，此协作是全方位、全维度与全要素模式的，不断的协作可促进企业的创新能力提升，使企业洞悉潜在的商机。

一、纵向一体化协同

协同创新已经延伸至产业链的前后端。

对前端产业链，企业要改过往追求单方面盈利为追求共赢。企业对上游原材料等供应商都要从共同发展的角度来协作，企业内部的技术创新要与前端产业链一同推进，以此加快本企业技术创新，打破独立技术创新的困局。技术的创新在很大程度上是与前端产业链密切相关的，前端产业链的技术提升对本企业也是有利的，也可以有效地提高本企业的技术创新发展速度与成功率。若企业独立创新而未能与前端产业链上的企业形成协同，前端产业链上的企业对本企业的技术创新可能产生不利影响。比如，好车需要专用配件，存在质量风险的配件对车的性能就会产生影响，这就是汽车行业协同创新的必要，配件与材料需要协同创新。协同创新对前端产业链上的企业来说是提升技术能力，提高产品竞争力，对企业来说就可加快技术创新，确保产品性能，实现共赢。

满足后端产业链的需求是企业不断改善提升的短期目标。如果企业抛开后端产业链，以自我为中心创新，市场未必会有响应，企业可能失去产品的消费群体，更有可能因为增加成本而失去创新的动力，与快速发展的潮流背道而驰。所以，企业要与后端产业链协同创新，并使之与企业的技术创新产生共振，实现更好的协同。

二、横向一体化协同

横向一体化协同就是对整个行业的协同创新。传统的企业在行业中常追求独立特色发展，而知识经济时代就是要打破这个枷锁，实现行业的协同创新。独立创新困难重重，创新研发周期长，创新中的瓶颈也会增加成本，阻碍企业创新的步伐。往往创新中一个小难点就会让企业花费更多的时间成本，行业协同则是快速解决瓶颈问题的好方式。通过协同创新，各企业共享知识、互通融合，可共同获得发展。行业中各企业成功与失败的案例都能够提供信息与知识，给整个行业以借鉴。

在行业的协同创新中，大家可以互相学习、互为借鉴、共同进步，碰撞出更多更好的创新火花与机会，这对于推动整个行业的技术进步是一股力量。

跨界协同创新与360°协同创新打开边界的全场景、全领域、全市场的创新模式，也是协同创新的最高境界。如图4-3所示。

图4-3 协同创新的维度

三、跨界共享化协同

数字经济时代，跨界已经成为实现创新的必由之路。跨界协同就是走出行业，实现跨领域、跨行业、跨区域与空间的协同，不局限于企业原有的行业与技术，而是综观天下，寻找到行业外的机会，构建更好的核心技术与能力。跨界融合的成功与提升可弥补原有行业的技术缺陷，也能给企业带来全新的视角，帮助企业走出更好的发展创新之路。

跨界是资源的再次整合。跨界可以发现有价值的存在于现有企业或行业的闲置资源或信息，跨界协同可把这些闲置资源盘活并创造出新的价值。行业各有千秋，资源对不同的行业与产业价值各异，进行跨界资源整合，可实现共赢。

跨界可颠覆现有技术。跨界协同创新，就如同把一块石头投入平静的池水，很容易打破既有思维，打破原有框架，带来全新的改变。跨界是数字化转型的特有产物，即使企业拥有丰富的资源与经验，不参与跨界的协同创新，就会落后，不得不退出历史舞台。企业要努力站在跨界的潮头，认识到各类潜在的风险，识别出可能被整合的资源，敢于取舍，优化资源，实现协同创新。2019年，中国汽车工程研究院、中国电信、中国信科三方进行跨界合作，推动车联网产业向前蓬勃发展。类似成功的案例已给跨界协同创新指明了方向。

创新协同专栏 4-4

壳牌（中国）有限公司：协同创新

跨国企业想要在陌生的地方生根发芽并不断壮大，就需要依托当地资源，有效融入当地大环境，协同各方资源与技术，善用数字经济时代数字化信息可促进企业整合多种资源实现协同创新。

一、企业简介

作为世界领先的能源企业，壳牌在中国市场的发展已经超过一个世纪，其所有核心业务都已进入中国市场。在数字化背景下，壳牌（中国）有限公司走出了一条较好的协同创新之路。

二、建立协同创新平台

企业始终把科技创新作为核心发展动能，也意识到协同创新对跨国企业的重要性，积极构建协同创新平台，把创新平台作为企业技术创新的核心。与此同时，企业也完善了协同创新体系，为协同创新提供全方位的支撑，包括人才培养、资金支持、建立创新团队等。

三、创意孵化器，构建全新的协同创新体系

技术创新需要通过识别找到有潜在价值的项目与技术，通过协同创新体系提供资金支持，促进其"立项—研发—落地"进程加速。生产中遇到的技术问题通过协同平台得以解决，技术工厂通过技术转换和集成解决了实际生产中的困难，企业获得协同创新的最大成果。

四、与科研机构建立协同创新机制

学术研究也是技术创新体系的重要一环，企业借助科研机构或高校的科研力量开展协同创新的研究，着眼于未来，实现对能源生产与技术发展的预判，走出一条独有的协同创新之路。2022年企业在上海成功举办"赋能进步，共创净零未来"高峰论坛也是协同创新的实践，为企业创造了更多的协同创新机会。

（资料来源：笔者根据多方资料整理而成）

第四节 协同创新新能力

协同创新对企业来说不是一蹴而就的，企业应以建立与巩固协同创新能力为首要前提，否则在协同创新中就难以获得效能的最大化，对相关企业也是不利的。因此，企业协同创新需要关注协同创新能力的四个维度：知识获取能力、知识创造能力、环境支撑能力和资源配置能力。

一、知识获取能力

知识获取能力是企业协同创新过程中相对关键的能力，也是企业创新发展需要拥有的基础能力。协同创新平台环境中，知识与信息纷杂，企业必须认清利于自身长期发展的知识并能够获取。

二、知识创造能力

知识创造能力指知识整合、转化和利用的能力。知识与信息是潜在的资源，知识创造能力就是有效利用资源，挖掘与创新企业核心能力。知识创造能力的主体是全体成员，核心动力是全员的知识创造能力。

三、环境支撑能力

环境支撑能力是创新得以持续与全员价值得以体现的关键。企业内需要有良好的创新环境，可从机制、文化和领导参与的角度来创造创新环境。

要深刻认识到创新不是偶然事件，也不是个人的事，创新需要集体智慧与全员参与。缺少了环境支持，创新就不可能持续，也不可能创造更好的价值，企业更无法推动全员参与创新。

四、资源配置能力

资源配置能力是企业实现快速创新与引领行业的重要因素。创新需要花费时间与财务成本，企业不能持续提供创新过程中所需要的资源或者消极对待，必将阻碍企业创新的步伐。企业领导者必须以风险管理思维，让企业创新配置资源的能力得以健康发展，为企业协同创新发展提供最好的支持与保证。

章末案例——协同创新：商汤科技崛起的AI密码

随着5G、人工智能、物联网、云计算等新兴信息技术的发展和应用，商汤科技及时捕捉到高科技企业发展的命脉，在企业内部与外部多方协同创新，走出一条相对有特色的协同创新之路，在AI方面独占鳌头，成为"独角兽"企业，引领行业技术前沿。

一、企业简介

商汤科技业务涵盖智慧商业、智慧城市、智慧生活、智能汽车四大板块，致力于手势识别、姿态识别、自动驾驶系统等技术研发，是一家高科技企业，如图4-4所示。2021年12月，商汤科技在香港证券交易所主板挂牌上市。

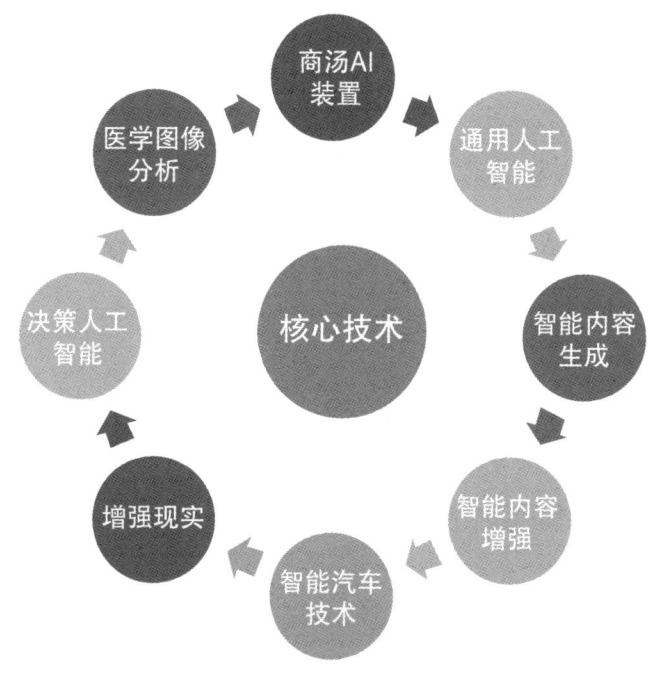

图4-4　商汤核心技术图

二、依托知名高校，协同获取更多前沿信息

商汤科技与多所知名高校及多位学者建立协同机制，能够及时获取前沿的信息与技术，使企业实现与高端技术协同发展。知识经济时代，信息可以说是企业发展的命脉所在，谁优先获得第一手新的信息与技术，谁就有可能引领行业发展。

三、引进精英人才，协同创新创业

商汤科技引进一百多位顶尖人才，并与高校教授共同创新创业。通过共同创业，商汤科技激发出这些人才的协同创新能力，为企业持续的技术创新奠定了较好的基础。

为了长远的发展与获得更优秀的AI人才，企业还与教育科技公司尊科合作，在香港科学园成立粤港澳大湾区青年AI发展中心，为人才梯队建设不断努力。

四、内部打造协同平台，实现协同价值

企业在招聘AI人才的同时，也积极打造内部协同创新平台，通过导师的示范与纽带作用，形成造血功能，实现揽才与育才两个层面的协同创新，为企业整体创新带来有生力量。

五、与更多机构协同创新

商汤科技不但与清华大学、复旦大学、上海交通大学、中国信息通信研究院、中国电子技术标准化研究院及行业伙伴成立"人工智能算力产业生态联盟"，还在上海建立了大型人工智能计算与赋能数据中心（AIDC），为技术创新到落地实现打造协同产业链。

六、总结与启示

第一，协同创新是信息化时代创新比较好的策略。信息化竞合时代，企业管理者需要用协同的思维与战略眼光进行创新，建立企业内外协同创新的机制与文化。

第二，协同创新是共享、共创、共生。协同创新可基于协同平台实现不同层次、不同行业与不同空间的效益集成与裂变。企业不但要建立协同创新机制，也要提供协同创新的力量与沃土，在共享中获得共创所需要的知识与信息，并将之转化为企业资产。

第三，协同创新要有长远的眼光，不能只追求短期的利益。协同创新过程中，企业要敢于投资人才建设，敢于揽才，敢于育才，以此创造长期协同创新的新生态。

第四，协同创新就是把视野打得更开，不局限于企业、行业，用开放的心态包容可以产生协同创新力量的一切，用协同创新赋能，实现共生共赢的发展模式。

（资料来源：笔者根据多方资料整理而成）

【本章小结】

本章主要从协同创新范式，协同创新认知、协同创新效应和协同创新能力几方面进行解析。协同创新是数字经济发展中有效发挥全员价值与能力的高效措施。有效的协同需要全新的认知，并以协同创新能力为基础。

第五章

组织学习赋能

创新变革，是存量时代的最大增量。

——美的 方洪波

【学习要点】　　组织学习的本质
　　　　　　　　组织学习对个人与企业的意义
　　　　　　　　组织学习在数字化转型中构建的新生态
　　　　　　　　组织学习在数字经济时代的赋能作用
　　　　　　　　组织学习提升企业核心竞争力

开篇案例——加特可（广州）自动变速箱有限公司：组织学习创新

组织学习是企业创新过程中的重要因素，是企业获得核心竞争力与持续创新发展的动力源泉，任何企业与组织的创新发展都离不开组织学习。组织学习没有固定的方法，需要企业根据本企业的实际情况在动态多变的环境中和不断探索创新中找到一条适合自我发展的特色之路。

一、企业简介

加特可（广州）自动变速箱有限公司是日本加特可株式会社在中国市场集产、销、研一体化的全功能生产点，是东风日产和重庆长安主要的供货商，获得了市场与社会的认可，获得过多项荣誉。

二、制订组织学习的战略计划与目标

基于企业的发展规划，管理层把组织目标层层分解到全员的具体目标中，围绕着企业愿景，明确组织学习的焦点与重心。企业管理者也明晰管理支持在组织学习有效性方面的重要作用，从物质和精神两个层面建立起相应的激励制度与约束机制，为持续有效的组织学习提供了坚实的后盾。企业管理者通过人才选择、人才盘点和人才规划搭建起人才梯队并制订组织学习的战略计划与目标，激发起员工的学习激情，也推进员工的特色学习，构建起企业内部的组织学习生态。

三、构建组织学习循环

组织学习的持续性与稳定性是确保企业持续创新与获得核心竞争力的关

键，故而根据内外部环境和企业的长远发展规划，企业人力资源部门制订出企业内部人才激励培养计划。在对人才的培养过程中，人才资源部门重点对人才进行甄别与选取，明确人才培养的方向与核心，并为不同的人才提供适合的职业规划和成长学习路径，完善企业组织学习准备工作。

企业在组织学习中起主导作用，为营造良好的组织学习环境与氛围不懈努力，为员工创造想学、易学和爱学的组织氛围，把正式学习与非正式学习融合在一起，把员工的显性知识价值化、隐性知识显性化，进而通过组织学习和工作实践打造创造知识、整合知识、获取知识，并使员工学会使用知识学习网络。

四、构建多种组织学习的创新机制

企业在组织学习中提供了两种学习方式，一种是师徒制度，另一种是跨边界协作，通过以老带新和打破部门与职责的界限，提高团队协作能力。企业建立了内部讲师和课题制两个特色学习通道，让不同的人才都有适合的职业发展规划，最大限度地提高了组织学习效能。特别是在课题方面，有业务改善型和目标达成型两种课题，先学后做，学来源于做，实现了知识在个人、团队和企业不同层面的转化和传递。

为了巩固组织学习成果，企业建立了对学习执行的考核机制，对员工工作绩效、胜任力、培训学习结果等全方位考核，形成了一套有效的激励机制。持续学习、课题完成与职级晋升环环相扣，推动了员工想学、能学、不得不学的组织学习新生态形成。

五、总结与启示

第一，组织学习在企业内部的健康发展，离不开企业管理者对组织学习本质的认识。管理者在组织学习与建立企业内部学习组织和组织学习环境与氛围中发挥着主导作用，良好的环境与氛围必将激发企业内员工的学习动力。

第二，组织学习要与企业全员绩效挂钩。组织学习只有与绩效挂钩，才能最大限度地激发全员学习，才能打造干中学与学中干的组织学习模式。组织学习不是为学习而学习，而是有目标有方向的学习，是有利于企业长远发展、有利于每个人的职业发展的学习。

第三，企业不仅要建立组织学习平台，也要有较好的激励机制。没有激励引导的学习，是难以持续的、后劲不足的，更不利发挥全员最大价值。适合的与有激励性的组织学习机制，可以让全员持续不断地学习，使企业获得更多的知识，特别是异质性知识与隐性知识。

第四，组织学习要打破壁垒与围墙，要跨出边界的制约，这样才能发挥更大的知识获取效能，也更利于激发更多人的价值，实现全员价值与组织学习内循环。跨边界组织学习还可以激发创新更多的知识，实现协同创新的最佳效能。

（资料来源：笔者根据多方资料整理而成）

第一节　组织学习再构认知

数字经济时代，竞争格局正在重塑，给企业带来全新的机会与空间，同时也给企业带来更多风险与冲击。数字经济时代，需要企业用全新的思维来认知发展中的一切，在这个过程中组织学习的重要性是不言而喻的。

一、组织学习新格局

组织学习（Organization Learning）被定义为识别和纠正错误的过程，是企业大力支持的一种导向，是创新的基础。组织学习研究多是从三个维度展开：学习承诺、愿景分享与开放的心智。笔者认为组织学习三个维度可以明确为：学习承诺、分享愿景与共享知识。

1. 学习承诺

学习承诺是组织对学习所持的基本价值观，这种价值观影响组织能否提升学习文化。如果一个组织不重视学习，组织内的学习就不可能产生，只有组织内部文化重视学习氛围，才可能激发全员的学习热情。

2. 分享愿景

愿景仅停留在字面上，对组织成员来说就是被动式的了解。共同愿景是名词，而分享愿景是动词，分享愿景是组织领导主动出击，通过实际行动把愿景落实到位，重在分享与引导，是一种赋能行为。组织内的领导能亲自把企业愿景用行动来解析和诠释，就能实现企业内部愿景文化的赋能，推动全员参与到分享愿景与愿景实现的过程中来。

新时代环境下的员工对制度不太容易认同，他们喜欢自由，崇尚以我为主，故而潜移默化式的影响赋能是更好的选择。

3. 共享知识

组织学习的本质是获取更多的异质性知识与资源，共享知识便是组织学习获取知识与有价值信息的较好方式。共享知识需要组织建立较好的交互平台，需要组织领导建立共享知识的模板。在共享知识的过程中，企业需要注意以下几点。

第一，搭建便捷的共享平台。共享知识需要激发与相互影响，组织要为成员共享知识搭建有形与无形的交互平台，让大家可以在平台中共享自己的知识、技能与经验并通过整合与创新形成新的知识。操作便捷的交互平台，大家在其中互通有无，畅说意见，就有可能碰撞出新的知识火花。

第二，共享知识要有领导参与。组织内部的主动性得益于文化氛围的影响，故而组织领导要在特殊场合或会议中，对于非刻意共享知识、技能、经验的人或团队予以认可，不经意地引导大家参与共享。好的建议、好的点子、好的表达与好的PPT都要认可，让组织成员感受到领导对共享的支持，从而就有可能激发他们的模仿与学习。

第三，共享知识是增值的过程。当下，"教会徒弟饿死师傅"的错误认知还是存在的，故而需要从知识创新的角度来引导员工共享知识。共享知识不是单纯的输入，而是知识整合与碰撞并产生新知识的过程，是实现知识增值的过程。

二、组织学习新方法

组织学习能力是衡量组织学习是否有效的关键指标，组织学习能力主要包括知识整合与创新能力、知识共享能力、知识转化能力，这三种能力是相辅相成的。通过组织学习获取的知识要经过知识整合、知识创新、知识共享与转化才能发挥价值，否则就只是为学而学。可采用数字化技术获取知识的价值，通过对知识与信息的科学编码、排序与解析，洞察有价值的知识与信息，再通过整合与创新，或者通过共享，就可以实现知识价值的转化。

数字化技术的提升与应用、更加便利的学习方式、知识与信息收集的电子化，让组织学习更加高效。数字化促进了组织学习能力的提升，促进了知识的共享与传播，促进了知识的整合与创新，也促进了知识的吸收与利用。组织学习又让知识存量与增量更加丰富与多维，促进了企业技术的改善与提升，优化了企业的流程与工艺，提高了企业核心竞争力。

三、组织学习新文化

组织学习的有效性、持续性和创新性与组织环境密切相关，企业内环境的积极影响作用是激发组织学习良性循环的重要因素。在一个有着明确共同愿景与战略方向的企业中，领导为组织学习保驾护航，构筑起有效的激励机制和组织学习平台，并且身先士卒进行引领，就能营造出企业内组织学习的良好氛围，就能激发全员参与到组织学习的生态中来，就容易让企业知识量倍增，让企业的知识被共享与挖掘，也就会产生新的知识，进而通过融合、再整合，实现转化与利用。

良好的组织学习机制与成果也会潜移默化地激发全员潜在的能量，把隐性的知识显性化，将闲置资源盘活，实现价值重生。良好的组织学习氛围能够激发全员的学习能力与技能提升，形成组织学习激发与赋能的企业内生态圈。

第二节　组织学习再创自我

组织学习的本质就是获取知识的过程，也是获取更多异质性资源和信息，实现各种能力的提升，进而提高企业核心竞争力的力量源泉。组织学习是当下企业颠覆性创新的基础，也是获取各类知识、信息、技术等可利用资源的有效工具，组织学习不但可以促进企业文化与共同愿景的深层浸染，也利于构建起新业态下企业获取数字信息与知识的新生态。

一、认知学习格局创新

组织学习的目的一般来说就是获取知识，也是提升组织能力。无论是正式学习还是非正式学习，打造学习型组织，都是围绕着企业发展进行的，企业的创新发展离不开技术的持续创新，而技术的持续创新离不开企业知识的存量与增量，离不开企业获取知识的能力，而这一切的源头就是组织学习。良好的组织学习氛围与学习型团队的建立，不但让企业获取知识的成本降低，也能够激发起组织内更多的成员参与到组织学习中来。

在这个知识碎片化的时代，人人都参与知识的获取与整合，就能让企业获得更多更优质的异质化知识与信息，极大地提高企业的学习能力，让企业的创新基础更加坚实牢固。企业内部组织学习的赋能生态模式，让知识的获取、融合、整合与再创新并利用形成了一个循环往复的生态再生系统。

二、知识学习赋能创新

知识的存量与增量是企业创新的基础，通过知识的获取与整合，可以让企业的创新能力、技术能力与服务能力得到提升，进而提高企业的核心竞争能力。组织学习的本质是对异质性知识的获取，这类知识是企业核心能力提升的重要基础。组织学习造就了学习型组织与企业内赋能生态，激发了对更多潜在能量的挖掘。这种赋能是无形的，也是企业发挥全员价值与创新技能相对较好的策略。

企业的创新需要丰富的资产存量与增量作为沃土，而资产的获得基于组织获取知识、搜索知识、整合知识、转化与使用知识的能力，这些能力也都是在组织学习的循环生态中得以锤炼并提升的。故而，组织学习以获取知识为目的，而过程中的能力修炼又是促进知识获取的关键。

三、跨界学习颠覆创新

数字经济时代是多变的、动态的和不确定的，企业的创新也不是有章可循的，而要随着市场与环境的变化在动态中随时调整。创新没有既定的章程与规则，基于此，组织学习就需要更多的模式与渠道，从中找到先机，找到创新点。

创新是颠覆性的，也是跨越边界的，没有框架的制约，是发散式思维模式的。在跨界过程中，不同的人会有不同的想法与认知，凡是利于企业的，利于社会的，都可以跨界。颠覆性的创新是当下企业在困局中发现潜在的、擅长的领域与技术，实现企业数字化转型与发展的一条重要路径。如图5-1所示。

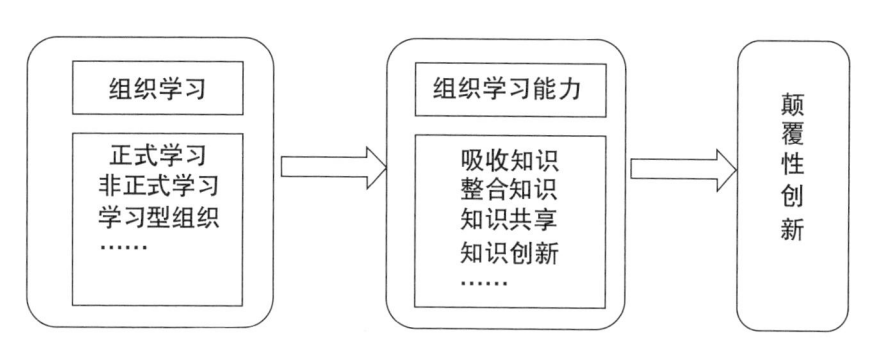

图5-1 组织学习与组织学习能力及颠覆性创新示意图

四、组织学习重塑创新

在VUCA时代，企业处于不确定的竞争大环境中，"好酒不怕巷子深"的理念已不利于当下企业的创新发展，内部闭门造车式的创新与外部环境的变化可能正好背道而驰。在当今快速变革与竞争加剧的环境下，组织学习不是可有可无的事，而是企业突破各类瓶颈、提高核心竞争力必须采取的行动，企业通过对知识与信息的获取进而采取各项行动，可以适应持续变化的不确定的环境。市场需求的动态性、技术创新的多样性及环境变化的持续性，推动着企业必须围绕着组织学习并基于企业内部的状况采取有针对性的行动。无论是采用利用式学习，还是探索式学习，目的都是获取更多的知识和异质性资源与信息，以实现组织学习过程中能力、技术和模式的精细化及扩展与跨边界。一般来说，利用式学习就是对现有的知识与信息进行提炼与深挖，并不断改善与提高；探索式学习是对未来的探索与创新或者提前进行战略布局，通过改造现有的技术能力、研发能力，抓住潜在的市场机会，运用新技术进入新的领域与市场，重在对未知的探索。

市场需求的动荡性加快了知识的更新与技术迭代的速度，在这个环境下，没有较好的组织学习，企业的消亡与落伍是朝夕之间的事。

组织学习专栏 5-1

组织学习驱动南都电源不断持续创新

对企业来说，创新不是一次性的，企业需要持续创新，否则容易让技术和产品出现断代与裂层，给企业的成长与发展带来重重阻力。特别是在技术与产品迭代加速的今天，创新不连续或者进程缓慢，失去的是市场与机会。

一、公司简介

南都电源创立于1994年，公司主要从事铅酸电池的研发、生产和销售，其中阀控密封蓄电池在国内通信用后备电池市场有较高的占有率。

二、组织学习，在动态中选择

南都电源通过组织学习认识到企业发展中的不足并及时采取了行动。例如感知到铅蓄电池再发展的空间有限，于是企业采用利用式学习进行渐进性创新，并通过利用式学习发现引进技术存在的不足，并进行技术创新与提升，包括将电池模块、制冷模块和控制模块进行系统集成或开发系统管理软件。在市场知识学习和创新上，南都电源基于品牌优势和市场占有率，认识到企业转向新兴市场领域前的目标是保持现有优势，便把企业组织学习的重点聚焦于此，不但实现了原材料、外观设计和产品架构的创新与新市场开拓，也创新出新技术，优化了设计成本。

三、组织学习，平台多样化

电池行业新兴技术的发展前景未知，特别是新兴锂电池行业更是潜力巨大，南都电源基于此采取了不同的组织学习方式，引进外部技术，招聘高水平专家，同时也转变产学研合作方式，积极参与外部技术分享活动，特别是汲取有利于锂电池技术提升的知识与信息。而且，对有极端要求的客户，南都电源也突破性研发挖掘潜在市场。

南都电源鼓励全员的组织学习，采用激发式和引导式的学习方式，让技术人员与市场人员一起到市场中去，使技术人员能了解客户的需求，从而激发新的创意。

四、组织学习，机制优化

南都电源建立企业内部知识与信息交流与学习平台，鼓励大家通过知识共享发现创新点与优化点；建立里程碑机制，最大限度地激发企业人员的创新激情；在研发过程中，容忍试错，鼓励试错探索。良好的组织学习机制与氛围加强了企业研发的持续性与创新性，使连续创新有了可能。

五、新知识搜索与组织创造性学习

南都电源鼓励跨界学习，尽最大可能激发大家对外部知识的搜索与学习热情。对企业内技术研发的难题与要求，发动全员搜索知识和组织创造性学习，一方面提高了全员搜索知识的能力，另一方面也让企业知识增量加速，促进了持续创新。

（资料来源：笔者根据多方资料整理而成）

第三节　组织学习再构价值

赋能成为知识经济时代相对重要的事情，对企业来说，实现赋能，激发全员参与到企业组织学习的活动中，搜索有利于企业的知识与信息就成了关注的焦点。对于组织学习，企业要基于动态与多变的思维发挥其创新作用与赋能影响作用，从而把组织学习内外作用发挥到极致。

一、组织学习的赋能作用

赋能，通俗一点来说就是"你不行，我让你行"。赋能指通过言行、态度、环境的改变给予他人正能量，使其最大限度地发挥个人才智与潜能。赋能是不控制，要因循人性的规律，创造全新的组织环境，激发员工内在能量。组织学习赋能就要围绕着这个原则展开。

组织学习的本质就是获取知识的过程，在这个过程中，企业不仅要关注搜索知识、获得知识、整合知识，更需要把组织学习具有的潜在赋能价值好好利用，这个赋能作用是企业在创新中发挥全员价值与创新价值的关键一环。在企业组织学习之初，无论是建立学习型组织还是制度化培训机制，企业员工都是在被动中学习，学习所产生的知识整合与创新价值也是相对较弱的。企业要更加关注学习所具有的影响力与赋能效能。组织学习不是企业内一部分人的工作，而需要全员的参与，这样才能为企业获取更多的知识增量与存量创造可能。在组织学习过程中，对组织学习进程中成功的案例与项目进行较好的宣传，可激发潜在群体参与到组织学习中来，实现组织学习的赋能影响作用。

二、整合资源的赋能作用

组织学习中的整合知识与转化知识的过程与成果，能让参与其中的人员获得整合知识与转化知识的能力。在整合知识与转化知识的过程中，发现个人在某些方面的不足，可在此后的学习与工作中主动提升自己，实现个人组织学习的赋能作用。从这个方面来说，组织学习整合知识与转化知识可赋能于参与其中的一部分个体。

在企业组织学习过程中，头部人员的赋能作用也是管理者需要注重与引导的。在企业组织学习过程中，总是有一部分有激情有资质的人员起着带头作用，管理者需要基于知识整合效应，善用这些头部人员在组织学习中的赋能作用。管理者不但要为这些人创造更好的组织学习机会与平台，也要把这些人成长过程中的亮点与优秀之处在企业内部重点宣导，一方面促进头部人员在组织学习中持续创新，另一方面也激发全员参与到组织学习过程中来，由此实现头部人员或者有资质人员组织学习对企业全员的赋能作用，构建起持续学习的学习型组织。

三、氛围环境的赋能作用

人是容易被激发的，在某种环境下倾向于主流的做法与态度。人与环境的匹配理论也说明，优秀的环境易造就优秀的人与优秀的做法，而消极的环境也易产生惰性人群。个人的能力、知识、价值观和态度在某种程度上取决于环境的影响，取决于个体需求与环境的匹配。因此，企业在推动组织学习的过程中，除了从组织学习方面来着手，也要重视营造良好的组织学习氛围与环境。良好的组织学习的氛围，容易激发大家的学习热情，使全员参与到组织学习活动中去。美国行为主义心理学奠基人华生在20世初期提出"刺激反应学习理论",从理论研究视角证明了环境所具有的刺激与影响作用。认识到此,企业就需要在这一维度进行引导,借用成功案例进行更深层次的影响和激发,提升组织学习的效能。

四、激励机制的赋能作用

组织学习的激励机制能够最大限度地激发全员的组织学习热情,关键是管理者如何看待激励机制及建立科学有效的激励机制。众所周知,激励机制是有触动力和激发力的,但若激励机制不足以激发参与组织学习的成员,也就不能有效地激发其他人员的参与,组织学习的势头与力量也就会日趋减弱,甚至流于形式。管理者要认识到新时代激励机制的重要作用,切勿太过看重成本和注重单方面的利益。华为的股权激励机制,让华为人个个参与到企业建设中来;海尔的人单合一的创业激励机制,让企业与个人实现了双赢;美的的股权奖励机制,促使美的技术创新迭代:这些案例足以说明激励机制在企业发展中的重要作用。传统的激励机制已经束缚了企业成员组织学习的积极性与参与性,企业必须找到适合自己的创新激励机制。

五、领导带头的赋能作用

组织学习有了良好的激励机制,还需要领导的锦上添花,把领导力在组织学习中的赋能作用发挥到极致。换句话说,在组织学习的过程中,领导是组织学习的推动者、促进者,更是组织学习赋能的激发者。在这个层面上,领导要发挥效能,在组织学习过程与组织学习力提升的成果上有意识地引导与认可,激发更多有潜力的个体与团队朝着更加优秀的方向努力,让其把组织学习当作工作的重要部分,积极参与企业内外知识的搜索与挖掘。领导让整个团队的组织学习能力空前提高，企业技术创新与管理提升就会增强，企业的核心竞争力自然就会提升。领导者要懂得识才，懂得欣赏与战略管理，要做有慧眼、有格局和有风险意识的领导者。具体要注意以下几点。

首先，部门不同，职责不同，术业有专攻，所擅长的方面各有千秋，在这个层面领导要懂得挖掘优秀之处，善于发现团队的优势与强项或者只是小小亮点，并对之表扬与激励，这种精神激励在一定程度上也会激发团队学习与提升的激情。哪怕是一个细微的改善，领导者也要予以激励，这种激励会激发团队与个体继续努力。

其次，有意识地树立标杆来激发赋能。对组织学习中优秀的团队与个体的亮点与优秀之处给予适时的点评与引导，对存在不足的团队与个人要求借鉴，这样也容易激发团队与个人的学习，实现赋能作用。

最后，利用风险意识来引导赋能。一帆风顺中要指出可能存在的风险与挑战，引导团队与个人修正与创新，同时要容忍失败，把失败当作一种投资与学习，当作为成功做的准备，并对失败的团队与个人提供支持与帮助。

组织学习专栏 5-2

上汽通用五菱深耕组织学习，让知识管理更高效

知识经济时代，知识的海洋是丰富的，知识也是碎片化的，企业在组织学习中要认清需求，谋求利益最大化，让知识管理更加专业、科学。

一、企业简介

上汽通用五菱汽车股份有限公司（SGMW）成立于2002年，近几年在汽

车行业竞争残酷和行业边界被打破的情况下，企业通过深耕组织学习，创造出企业全员参与创新的局面。

二、构建内部组织学习的便利平台

企业在知识管理上秉持"知识管理不需要全面开花，找到可执行的落脚点，真正用知识解决业务问题，深耕细作就成功了一大半"的理念，邀请知识专家帮助建立知识管理中心，导入先进的知识管理系统与理念。逐渐建立起KM（Knowledge Management，知识管理）业务框架、分享文化、制度体系、组织等。

企业引入任务跟踪（Check List）和经验教训总结（Lesson Learned）工具，更好地把研发过程中的任务执行下去，对技术和管理方面的经验教训进行总结并分享给更多的员工。企业通过独有的学习平台进行交互、融合，实现了知识与经验共享赋能，减少了创新中走弯路及失败的风险，提高了知识创新的时间价值。

三、知识与业务深度融合

企业管理层高瞻远瞩，以企业未来的发展为依托创建了组织学习战略。无论是企业内知识获取与整合，还是跨界的知识学习，都要基于企业的业务发展需求有针对性地组织，以实现知识与业务发展的最佳匹配，发挥知识最大价值。与此同时，企业内员工也围绕着企业的发展目标获取内外部相关知识。

（资料来源：笔者根据多方资料整理而成）

第四节　组织学习再构思维

数字经济要求数字信息化、知识数字化、数字知识数据化，也需要共享知识、挖掘数据、萃取知识、凝练智慧，组织学习需要根据这些要求有针对性地科学展开，旧有的学习模式已经不能满足需求。数字经济时代对知识的获取也需要创新，要打破传统模式，实现多领域、多空间与跨行业的知识获取与学习。

一、提升创新能力是前提

组织学习是提升创新能力的过程，也是提升核心竞争力的重中之重。建立高效的组织学习模式需要从以下五个方面来进行。

1. 企业领导要包容失败

组织学习是跨领域、跨空间、跨行业获取知识，且由于数字经济时代知识碎片化的特性，在获取知识、整合知识与创新知识的过程中失误，甚至失败都是在所难免的。如果领导者过于计较失败就可能让组织学习的积极性受挫。领导者能够最大限度地接受组织学习过程中的失败，并且鼓励大家试错，就能够正向激励高效组织学习，在充满正能量的企业环境下，组织学习创新的激情是可持续的。

2. 鼓励冒险

身在企业中的个体与团队一般都会围绕自己的KPI推进行各项工作，也总会有所保留与自我保护。因此，需要领导者把鼓励冒险列入相关考核，这里的冒险是基于企业的长期发展，从技术创新与知识整合以及管理创新来考量的。鼓励冒险的管理机制与文化浸染会让企业全员更加高效地参与组织学习，不担心被束缚、被打击，也就能够形成全员创新创业的内部新生态。

3. 怀疑精神

敢于向旧有的技术与经验说不，敢于打破常规与习惯，是高效组织学习的典型特征。只有经常保持怀疑的精神才能打破旧有的做法与思维，才能获得更好的创新。要敢于质疑，时刻抱着怀疑的态度来面对工作中的一切，这样不但能从细微中创新，也可能实现翻天覆地的创新。持有怀疑精神也才能跳出来重新审视组织学习的目的与路径，也才能更容易地获得更有价值的知识与信息。

4. 信息公开

企业内需要有高效的信息共享平台。数字信息化社会知识与信息本身就有非竞争性的、非排他性的和非稀缺性的特点，关键是谁可以获得有转化价值的信息，并通过信息共享与知识融合碰撞出新的机会与空间，这时，拥有高效的信息共享平台就非常重要。

5. 资源共享

资源共享是盘活闲置资产、实现资源新价值，从而获得新技术、新产品的较好方法。通过组织学习平台，把资源共享于全员，大家各取所需，就容易把闲置的资源盘活，实现创新价值。在组织学习过程中，企业资源通过数字信息转化形成数据集，通过资源共享再次深入剖析与复盘，就容易产生新的知识与信息，从而可为技术创新和产品创新带来新的空间。

二、建立创新型组织是关键

高效的组织学习需要创新型组织，一般可以考虑从以下六个方面来着手建立创新型组织。

1. 团队意识

组织学习需要有团队意识，要基于团队的目标与所需，共同为团队的发展获取知识与信息。也就是说，组织的成员在组织学习中要以团队需求为宗旨进行知识整合与交互。如果组织学习中大家各自为政，或单纯为学习而学习，获取的知识就不能为组织所用，也就难以形成创新型组织。

2. 资源共享

知识整合时代的知识与信息都是显性的，由于数字技术的便利性，获取也相对容易，而且，只有本着资源共享的原则去创新，才能实现更好更快的创新。资源共享为技术创新提供了较好的平台。通过共享，创新中的难题更容易被击破，进而创新的步伐就能加快，创新也就能拓宽到更多细节与领域。

3. 自我管理

建立创新型组织不能依靠约束机制，而是要依托每个人良好的自我管理。良好的自我管理能让每个人在各自的领域深挖知识与信息，并基于个人的需求与团队的需要有针对性地获取外部知识与信息，这样就能促进创新型组织更加敏锐与高效。良好的自我管理，容易让每个人为团队的发展而不断探索与创新，也会尽最大可能来激发潜能，实现增值与赋能。

4. 精神激励

建立创新型组织精神激励是不可或缺的，对于团队中的某些人群来说，精神激励的作用有时会大于物质激励。适当的精神激励与赞誉是建立创新型组织的催化剂。

5. 勇于挑战

勇于挑战不是一句口号，也不是某几个人的事，是需要组织全员参与其中的。在创新中如果不能勇于挑战自我，可能就会在成功的边缘滑过。勇于挑战要落实到每个人身上，为了更好地实现创新要不断挑战自我的能力与技术，敢于创新，勇于试错，把挑战当作创新中的一项重要工作。

6. 组织激励

创新型组织的持续性与创新性，以及创新效能需要组织激励来促进。组织激励的有效性体现在能最大限度地激发组织创新与持续创新的原动力。在这个过程中，人人都会因激励作用而视企业或团队为命运共同体，认同创新是企业也是个人重要的事，创新型组织的核心力量也就形成了。

组织学习专栏 5-3

越秀集团打造独有的组织学习模式

知识创新是企业数字化转型的必要一环，也是打造数字经济时代组织学习能力，实现企业全方位发展的路径之一。

一、企业简介

越秀集团于1985年在香港成立，经过多年发展，集团形成以金融、房地产、交通基建、现代农业为核心产业，造纸等传统产业和未来可能进入的战略性新兴产业在内的"4+X"现代产业体系。

二、独到的知识管理战略眼光

早在2012年，越秀集团就提出了知识管理战略，并导入、实施和运营。越秀集团采取的是"搭体系、建平台；统一规划、分步推进；树立标杆、以点带面"方针。集团建立便捷的学习平台，打造知识获取、整合、汲取、创新与转化全方位整合模式，给创新带来源源不断的能量与动力。

三、特有的知识管理策略

越秀集团不信奉他人，也不去模仿，而是力争从本企业的需求出发，基于企业的发展需要，形成独有的企业内部组织学习新策略：知识专题、地图、地产项目复盘。

越秀集团采用系统性复盘策略，从项目管理、设计与技术和施工技术三个层面进行复盘，将项目建设过程中获得的经验等进行沉淀，印发资料，方便员工系统性学习。这些做法一方面可有效整合知识并增加知识集成与知识存量，另一方面也能在某种程度上激发与赋能企业员工再学习，形成知识管理内部赋能生态。

四、加快数字化转型

越秀集团深刻认识到人工智能、5G、物联网等数字技术正在改变着各行各业，特别是对一家综合性投资企业而言，数字化转型是一把综合资源调配、降本增效、引领创新的钥匙。2017年，集团整体数字化转型开始，标准化集团系统和数据口径，建立客户资源和项目协同平台，实现敏捷反应、开发迭代快速、数据正向循环，也调动员工参与创新，经过数年摸索，集团数字化经济效应逐步呈现。

（资料来源：笔者根据多方资料整理而成）

第五节　组织学习再构影响

新时代的企业创新要在良好的创新氛围与文化环境下产生，不再是企业某几个人或者某个团队的工作与责任，而是全员的责任与义务。传统意义上的创新是企业对某些方面与某些技术有针对性地研发创新，很多是后知后觉的创新。这样的创新可以给企业带来某些方面的提升，极有可能给企业带来较好的效益，但也更有可能碰壁与失败。这样的创新的时间成本也相对较高，创新的周期难以预测。当下的创新涵盖各个维度和细节，不拘泥于某一方面，凡是利于产品、技术和服务的突破都可视为创新，创新也是动态变化的，是日新月异的。而且，由于当下信息传递的便利，创新的壁垒也变薄，创新周期性也不再明显，创新需要分秒必争。获得异质性资源与新的知识，并将之快速转化为企业可利用的知识与资源，进而落地实用，这样的创新才有核心竞争力。

一、知识经济时代 VS 知识全新认知

知识经济时代企业创新的核心是异质性资源的积累、创造与再利用，知识创新是企业创新的重中之重。数字经济时代创新与迭代的速度已经颠覆传统认知，创新每分每秒都在发生。新的业态下，企业创新制胜的法宝来自核心资源与技术，来自对内外异质性资源的搜索与获取以及快速转化与利用。信息化时代知识与信息的获取具有便捷性、高效能与碎片化的特征，处于这个时代的每一个人都极易与外部实现连接，个人的知识获取与能力提升都在不断发生，如何让组织中的每一个人都能以企业需求与发展为目的来搜索与获取知识与信息就成为组织学习的重点。在组织学习过程

中，企业要营造良好的组织学习氛围，把企业的愿景与发展目标融入每个组织成员中的心中，并使每个成员都能以此为动力与方向来搜索知识，学习知识，捕捉有利于企业的信息，并通过在企业内部的共享，实现知识的融合创新，实现知识价值的增值与转化利用，从而形成企业独有的核心资源与技术，也就提升了企业的核心竞争力。

二、组织学习 VS 创新绩效

企业的创新绩效取决于企业技术创新能力与企业管理创新能力。企业技术创新能力来源于企业异质性资源和知识的集合与聚变，而组织学习就是企业搜索与获取异质性资源和知识的重要方式与过程。也就是说，组织学习是技术创新的基础。故而，组织学习不仅是组织成员的重要任务，更是企业发展的驱动力。管理者对组织学习的态度与认知，很大程度上影响着组织学习的效能。管理者不仅承担着组织学习的推动工作，还要做组织学习深化的推动者，更要做组织学习的参与者与影响者。管理者要把握组织学习中的每一个可以利用的环节与信息，激发起全员的组织学习激情，实现全员组织学习，打造全员创新的新业态。

三、组织学习 VS 创新能力

组织学习需要可便捷沟通的平台，在这个平台共享知识，没有太多层级限制，每个人都是基于同一个目的来共享，每一个人都可以从不同的角度畅所欲言，每个人与每个团队都可以从平台中获取有利于自己创新的知识与信息，从而组织就获得了更多创新的可能与机会。基于数字化转型的融合需要，组织管理的架构模式变得相对模糊，减少了清晰的层级划分，这极大地提高了共享知识、获取知识与转化知识的效率，交互与融合时时可以发生，知识与信息传递价值的削弱也相对较低，同时还降低了沟通成本。

章末案例——网易游戏：组织学习成果丰硕

在企业创新成长的道路上，把企业的发展与员工的爱好融合在一起，是实现员工能力提升与企业发展并驾齐驱的相对高效与可持续的策略。员工的个人爱好通过组织学习来共享，实现了员工与企业发展需求相对一致，从而可为企业的持续创新带来源源不断的动力与知识增量。

一、公司简介

网易游戏是一家网游研发公司，成立于2001年。历经多年的发展，网易游戏一直处于网络游戏领域的前列，创造了不菲的收益。

二、知识分享是企业发展的一个重要战略

企业很早就推出了公开课，营造出较好的企业内外组织学习的氛围，极大助推了企业员工知识学习与知识获取的热情，构建起企业内部良好的组织学习生态。另外，对员工推荐的国内外较好的公开课，企业一般都会购买并在企业内部推广，极大促进了员工的知识学习与分享的热情。

三、组织学习的知识管理战略

企业不但把知识搜索、知识获取及知识学习作为企业组织学习的重点，而且基于企业的发展进行知识增量的管理，有针对性地进行服务创新，把知识转化与利用在企业业务的各方面。从这个角度来说，企业的知识管理不但注重前端的知识学习与获取，更注重知识在企业资产与价值方面的实际效用，从而也就造就了企业内组织学习生生不息的业态模式。

四、知识创新需要保鲜

企业认为必须要不断学习知识，更多的知识增量与异质性知识才能给企

业持续创新带来可能。知识创新需要保鲜，这样才有机会与可能确保创新的鲜度，才能让企业的产品与服务独树一帜，领先行业并拥有更多的差异化。网易游戏在组织学习中融入为热爱赋能的学习新模式，让个性不一的员工都愿意参与，使兴趣爱好与工作创新实现结合，员工知识获取与知识搜索更高效，为知识创新创造了更多的可能。

五、总结与启示

第一，组织学习是企业发展创新的要素之一。组织学习在企业搜索知识与获取知识的过程中起着至关重要的作用，是企业创新的基础与关键，更在企业持续创新与技术迭代中发挥着驱动作用。企业只有把组织学习上升到组织创新战略，才能真正实现组织学习在企业创新中的价值作用与助推作用。特别是在知识经济时代，知识搜索与获取能力，以及良好的知识共享能力，是企业获取有价值的知识与可利用的信息和资源的重中之重。

第二，组织学习发挥作用需要管理者认知。企业管理者不但要参与组织学习，还要从多个角度支持组织学习，积极建立组织学习的激励机制，促进企业内组织学习持续有效进行，推动企业独有的组织学习生态形成。

第三，组织学习的知识管理创新要与时俱进。组织学习获取的知识与信息，需要企业有数字化能力对之进行管理、甄别、归类形成集合，并从中汲取有价值的知识与信息。企业成员只是获取知识，知识的价值需要企业来挖掘与激发。

第四，组织学习也要创新。要以变动的思维来看待组织学习，在变动中改革与提升，时刻保持风险意识，在动态中做出创新。

（资料来源：笔者根据多方资料整理而成）

【本章小结】

知识经济时代，获取知识与信息是提升企业创新力的重要因素，故而组织学习就成为企业创新的基础之一。企业如何认识数字经济时代的组织学习，如何进行组织学习，如何对通过组织学习获取的知识与信息进行整合、转化、利用就成为创新的关键。企业要重视组织学习，从学习的过程与影响力方面重点赋能，激发全员的组织学习与创新能力，实现全员价值。企业不仅要注重外部知识与信息的获取，也要关注企业内人员的能力激发与挖掘，构建起企业新经济环境下的企业内赋能新业态。

第六章

价值共生赋能

信息互联网社会的到来，人与人之间的连接无处不在，相互之间的联系也变得没有距离与空间上的限制与隔阂。无论是身处大洋彼岸还是地球的某个角落，都可以实现网状式沟通与交互，没有国家与地域的界限，地球村不再是一个概念而成为现实。而在经济全球化的时代背景下……价值共生成为整个社会生存的方式与法则，更是社会发展中的主流价值观与发展观。一荣俱荣，一损俱损，价值共生的理念是当今社会经济发展中的核心，无论是国家还是企业都不能脱离共生的理念。

——美国学者 拉兹洛

【学习要点】 价值共生是数字化时代创新的原动力
如何构建数字化时代的价值共生生态模式
数字经济时代价值共生的HR创新
数字经济时代价值共生促进管理创新

开篇案例——云天化：立足大地，志在云天

共生、共享、共赢是数字经济时代的特征，身处其中的企业和个人只有本着共同发展的原则，本着多元开放与协同创新的思维，才能找到价值共生创新点。

一、企业简介

云南云天化股份有限公司（以下简称云天化）是一家以化肥为主要产品的大型企业。近年来，云天化以化肥为引线，深耕农产品领域，积极拓展延伸涉农产业链，推动产业转型绿色发展。与此同时，企业也在多元化发展方面不懈努力，目前已经形成化肥与农业产品、玻纤与复合材料、精细化工与新材料三位一体立体式多元发展模式，创新出云天化转型发展的新赛道与新引擎。云天化发展已覆盖5G、室内装饰、汽车、机械电子、航空航天、风力发电、轨道交通和城市建筑等领域。

二、下沉到终端，拓展产品功能，作他人嫁衣

云天化把技术研发与产品创新下沉到终端，从终端的当下需求与潜在需求两个层次提升产品，本着为终端客户作嫁衣的创新管理模式来进行技术提升和产品迭代。云天化将终端的技术提升和产品创新与本企业的技术创新和产品创新融合，不但满足了终端市场需求，也扩大了终端市场。本企业的核心能力也得到提升，同时企业也拉近了与终端客户的联系，双方成为发展中的命运共同体，实现了价值共生。

三、与合作者价值共生

云天化秉持"让土地用上好肥料，与合作伙伴共成长"的创新管理发展

理念，以市场和客户需求为导向，加快推动事业共同体的构建。云天化把企业的战略与愿景落实到产品与终端，与合作伙伴合作、共生，共同赢取未来。云天化的价值共生理念不限于当下的客户，而是覆盖所有利益相关方与潜在合作者。云天化的价值共生管理创新从形到质都得以实现，构建起企业独有的新生态管理结构模式。

云天化不仅专注于产品的最优，也从客户的需求与价值方面做出有效的行动与创新，以核心客户为中心，围绕着为客户创新价值的方向转型，助力客户价值实现。

服务下沉，云天化把服务做到田间地头，本着让农户增值增产的目标，基于不同的土质与农田，生产适合的产品。发挥企业内人才的技术优势，通过与农户交流和对土质的研究，开发出更加适合的产品，提高产品的市场占有率，实现企业与农户的价值共生。

四、基于农产品打造品牌，实现价值共生

云天化不只关注企业产品的销售，更注重农产品价值，相信只有农产品价值增加，才能水涨船高利于企业。企业根据新产品、新市场、新模式的发展战略对不同区域的产品与市场进行网格化细分，把产品做精，把市场做细。产品做精的同时品牌价值突显，也创新生产出高附加值的产品。市场做细的过程中，农产品的价值又会倍增，并与消费者的需求与心理同频共振。云天化多重结构布局，探索出一条全新的商业模式。

五、总结与启示

云天化没有满足于企业在主行业的发展，而是立足于本企业，从数字经济的共享业态来多方创新发展，走出了一条可行的价值共生管理创新之路。

第一，企业深刻认识到新时代需要共享与赋能。企业从多个维度为价值

共生的实现而努力，不仅从管理方面创新，更把管理创新深入到产品终端，为终端客户与市场的需求提升技术，并与终端客户协同合作。特别是在农产品领域，企业深知精准农业与智慧农业对广大农户的重要性，把农产品做精、做强、做好，并给予支持让农户增收，实现企业与农户的双赢。

第二，价值共生是多维度与多领域的。价值共生不能局限于企业产品固有的领域，而要从产业链和利益相关者的维度去构建发展命运共同体，实现企业获取更多的有利知识与信息，助力企业技术提升和发展空间的拓宽。

第三，管理创新助力价值共生。管理创新是企业发展的重中之重，它给企业的发展指明了方向。企业在发展中不应只关注本企业的发展，而是转变角度，以客户为中心，从满足客户的各方需求来创新企业内部技术与管理。以客户为中心的发展模式，不仅注重表面，更注重深层发展，把客户的技术攻关视作企业技术创新的一部分，从而实现了真正意义上的价值共生。

（资料来源：笔者根据多方资料整理而成）

第一节　数字化时代特征

数字化时代人与人之间、企业与企业之间、国家与国家之间都出现连接、共生、共创、共赢等特征，企业在数字产业化与转型的过程中都是围绕着这几个方面来展开协同的，如图6-1所示。企业在数字化转型与数字化运营过程中会遇到各种难题与瓶颈，需要企业重新认识数字化时代企业经营发展的战略与方法，即以价值共生为核心，与数字化的发展共舞，与时代同步快进。

连接　共创　共生　共赢　价值共生

图6-1　数字化时代价值共生图

一、连接

平台连接在前文已有重点论述，在这里重新提起，足以说明其在数字化经济发展中的重要性。连接是打破壁垒，实现个人与团队、个人与企业、团队与企业、企业与企业、企业跨界等的有效途径。连接可以让隐性知识与资源得以发挥作用，无论是个人、团队，还是企业，都能在连接中实现知识共享并被激发融合。在连接的交互与融合过程中，极易产生新的知识与信息，可实现知识存量的增值，并产生新的价值，从而连接的持续性与有效性就会加强，形成新的生态模式。

二、共生

数字化场景下，处于数字化网络中的每个个体与团队都可以通过数字技术连接世界，用数字化信息诠释对世界的认知与看法，并重构与改造数字化网络场景。

个体为实现各自的价值而连接，大家都不以拥有为前提，而以共生为主要目标。企业要在数字化网络中以共生为价值目标，进而连接各个节点与要素，即以本着互利的准则来搜索可以共生的个人与团队、信息、知识等。在这个过程中，企业发展与创新的成本就会大大降低，创新的速度会加快，创新所产生的效益也会提高。数字化时代的共生不以零和博弈为前提，而以互利协同创造价值为目标。

三、共创

基于便捷的平台连接和以共生为新生态的数字化场景，共创就成为必然。无论企业内部，还是不同企业之间或不同行业之间，有了平台连接的交互与融合，就容易让异质性资源和"冰山下的知识"被激发或挖掘，进而让各需求方获得发展的机会与空间。需求方可以通过连接展现所需，处于数字网络世界中的每一个人都可以共享自己的知识与能力，让企业的创新速度加倍。在数字化经济时代，将不可能变成可能是常态，从而就可以从容地应对数字化转型中的不确定性与多变性发展的要求。

四、共赢

共赢是数字经济时代持续性创新与颠覆性创新的驱动力,在互联网创新世界中,需要企业本着利他思维来面对每一个给企业带来创新的个体或团队,不能有零和思维的利己意识,这样才能形成创新生态模式,实现数字化时代真正的价值共生。

五、赋能

数字经济时代的组织学习无处不在并以终生学习为特点。学习的成本降低,大家都更愿意参与数字化学习,在学习的过程中可以大胆分享自我,知识的反馈又能实现能力与素质的提升,赋能是无形的。同时,数字经济时代,赋能是多元的与多渠道的,企业必须把价值共享的管理机制与愿景融入赋能。企业成员的赋能学习有利于企业的发展。在数字经济时代,赋能是驱动企业持续创新发展的关键力量。

价值共生专栏 6-1

小米:打造价值共生的利他平台

数字经济时代以共享共赢为主要生态,在这个环境中,谁能提前布局并且参与其中,谁就先抢占了先机,可分享数字化转型的红利。

一、企业简介

创立于2010年的小米,是一家以智能手机、智能硬件和IoT平台为核心的消费电子及智能制造公司,产品已销售至全球80多个国家和地区。

二、勇于探索数字经济的价值平台

作为一家在数字化背景下成长起来的企业，小米团队深刻认识到价值共生在企业发展中的重要意义，多方布局、多渠道拓展与客户的利益价值链，建立起小米独有的共享平台模式。早期的平台用来获取小米粉丝的评价与建议，从而实现了企业与终端客户的沟通和共享。另外，通过对信息的转化和利用，企业实现了产品极近定制化，夯实了小米粉丝的黏性，提高了复购率。

三、价值共生平台的战略布局

小米管理层前瞻性地大胆谋划与战略布局，打造数字环境下互利共生的价值平台生态，以企业为中心，延伸小米产业链前后端及360°的价值共生网络。2013年小米就启动了生态链计划，不仅用投资为其他企业赋能，也运用自身技术搭建分享平台，连接数以万计的开发者共同创造价值。小米的让利、分享、赋能和生态平台的组织能力，助力企业飞速发展。

一般情况下，新款手机即将上市时，小米会通过平台或其他数字手段与"铁粉"共享讨论，获取利于新产品的建议，以求更贴合市场需求，助推产品的市场增长率与占有率。

（资料来源：笔者根据多方资料整理而成）

第二节　数字化时代共享

资源共享与价值共生在数字经济时代相辅相成的关系比以往密切，两者互为驱动，并驾齐驱。企业需要引导成员积极参与到资源共享的活动中，通过交流与融合，形成企业的核心竞争力。价值共生不但能助推资源共享参与人员的热情与持续性，也是提升企业核心竞争力的有利因素。

通过搭建的平台，企业可实现有效的连接，把知识共享作为企业创新的重要组成部分，营造出企业内部良好的资源共享文化与氛围。资源共享过程中也产生影响力与压力，让一些有潜力的人更好地成长与发挥能力，最大限度地激发企业对潜在能力与隐性知识的挖掘，实现资源共享的赋能作用。落实到资源共享的企业活动中，一般要关注以下几个方面。

一、打造共享文化

有一种观念认为知识共享会导致个人能力贬值，但实际上数字化时代的知识共享给个人带来的利益十分丰厚，数字化时代的知识共享带来的是共赢。知识共享可实现个人能力与知识的展现，增加个人的流量与热度并变现，这也是当下直播产业吸引很多人参与其中的一个重要因素。在数字化时代，任何人都是有价值的个体，需要把自己的知识和资源共享出来、展现出来。知识共享基于知识整合理论原则，也是实现个人知识存量增加与增值、实现个人价值的策略之一。营造较好的共享氛围与机制，就容易让企业获取有价值资源的成本降低，同时也能促进技术创新能力与管理创新能力的提升。

企业打造出较好的内部共享文化，能激发全员的参与激情，推动全员在共享活动中贡献自己的力量，促进知识共享的赋能创新。

二、深度融合共生

实现深度融合共生要从精神与思想两方面引领着手，重点是唤醒组织成员的激情，可通过知识学习、培训与专题讲座，激发全员参与的热情并提高全员的参与度。企业可通过建立共享激励机制，让参与者从精神与物质两方面受益并以共享为荣。

深度融合能让赋能在企业内处处生根、发芽、结果，赋能不再是口号，而是能促进全员价值和能力的提升。

三、共享平台机制

企业建立共享的平台，可推动共享从被动转为主动。管理者要通过激励机制，让大家意识到共享的好处。管理者还要从企业愿景方面来建立管理架构与目标，聚集大家的力量，形成企业的能力。

四、资源共享体系

企业应建立内部资源共享体系，成立人员来自不同层级与部门的共享团队，通过项目专题研讨与定期工作会议实现有效的资源共享。另外，资源共享要有年度战略目标主题、季度目标主题与月度目标主题，层层递进，让无序的资源共享有序化。特别是对企业管理创新、技术创新与服务创新中遇到的瓶颈或天花板，可以通过资源共享体系获取更多更好的建议与意见。建立资源共享体系最重要的是团队所有成员的共同参与，这样才能实现协同效能，进而创造共生价值。

价值共生专栏 6-2

明康汇：共创共赢，乘风破浪

数字化时代，共生已成为驱动企业再创新再成长的核心因素，也是当下竞争环境中一个制胜的利器。共生对各行各业都有促进作用，关键是如何基于本行业的发展来建立以价值共生为主线的创新发展机制。

一、企业简介

明康汇生态农业集团有限公司（以下简称明康汇）是海亮集团旗下企业，现已发展为覆盖农产品科研、种植、加工、物流、仓储、销售等全产业链的集团公司。

二、用监督共享提升企业管理

明康汇一直秉持跨界经营的共享文化与机制，尊重人才，尊重创造。海亮集团官网上设立了诚信曝光平台，一来可有效监督企业的管理，二来也给了企业员工一个很好的发表建议与意见的共享平台，促进了企业管理效能稳定提升，也促进了企业科研创新信息的高效获取。企业通过共享文化熏陶全员，推行共创共赢的企业文化，建立起企业与产业链融合的生态圈。

三、凝心聚力，共享新绿

对共创共赢的理念，明康汇管理者认为企业任何一个部门都是需要向多个部门或产业链延伸及赋能的部门。明康汇深入田间地头，本着赋能于农户、全力维护农产品的绿色健康的理念，从源头到餐桌层层把控质量安全。明康汇的质量部门不仅要全面负责质量控制管理工作，还要用共创对内凝心聚力，对外赋能协作。

四、价值共生成就成功之路

无论是企业内的管理工作，还是对产业链的协同，都保持共赢的思维。这个过程中企业不以获取自身利益为重，而是通过赋能获得共生价值，构建起产业链全维度创新生态圈，为价值共生的持续发展提供源源不断的动力。

（资料来源：笔者根据多方资料整理而成）

第三节　数字化时代创新

数字化时代组织与员工之间的边界变得相对模糊，传统层级分明的管理模式与授权模式，个人过度依附于组织并从事相对单一与简单工作的状态都发生了改变。数字化时代个人脱离组织实现价值的可能性变大，组织却不可能脱离个人实现价值。企业内部仍然维持原有的模式，那么固定岗位与单一的工作会限制个体的创新，不利于企业的发展，更不利于企业在动态与多变的数字经济大潮中抵抗各种风险。想要在多变的、不确定的数字化环境中获得较好的组织创新力，企业要基于个体的价值目标来实现组织目标，也就是说，组织目标是依附于个人目标的。在这种情况下，组织与个体价值共生就是必须要首先考虑且持续执行的。一些优秀的企业早已认识到价值共生的到来，提前布局并深耕于此。海尔的人单合一创新共生平台模式，以知识驱动为主要发展动能的腾讯和阿里巴巴，还有谷歌接受员工抽出20%的工作时间做个人喜欢的事等，都是最大限度地从价值共生的角度来创新管理。

一、新生代人力的新潜能

数字化时代企业与员工的关系已经发生了改变，不同于传统的固定岗位与一纸合同的模式，新生代人才崇尚自由，喜欢无拘无束，旧规则成了阻止他们创新创业的障碍。如果企业不能认清新生代人才群体的特征与需求，就会造成较高的员工流失率与招工难的局面，极易让企业内笼罩着负能量。

新生代员工善于学习，接受能力强，其善于转变的思维模式如果能在企业中得以发挥影响并获得再成长，就会产生较强的鲶鱼效应，从而激发守旧员工的组织学习热情，让他们也积极主动提升个人能力，实现创新。当然，这需要管理者的引领与参与。

二、多维度创新的新场景

互联网时代企业面对的是不确定的环境，企业不再是传统意义上独善其身的主体。企业需要用更加包容与开放的态度来面对新环境，要认识到共生的意义与价值。在共生环境与文化下，企业不再是单一的主体，而是员工与企业、企业与外部互为主体的组织。员工与企业的关系不再是制度框架下的层级与制衡关系，员工与企业已成为包容的、竞合的利益共同体，需要的是价值共生。在竞合环境下，需要企业对自己进行全新的定位，建立以价值共生为前提的融合生态。

1. 组织之间的价值共生

组织之间的关系由竞争分离转化为融合与共生，组织要从协同与价值共生的角度来开展多种合作，改变传统单方获利的思维，无论是技术研发，还是服务提升，都要从共生的角度开展。

2. 部门之间的价值共生

传统上，企业内各部门都是本着完成各自的KPI而工作，部门之间的围墙与壁垒很高，这种的企业组织形式会产生较多的内耗并导致效率低下。数字化竞合时代需要打破围墙，建立组织内各部门间协同创新的平台与文化，消除企业内的隔阂与思想围墙，形成部门协同合作的机制并实现部门跨界职能，鼓励更多的员工实现个人价值，进而实现部门价值并形成部门之间的价值共生。在这当中打破职级关系和部门边界是至关重要的。

3. 员工与组织间的价值共生

竞合时代企业的人力资源已经发生了较大的变化，这个变化源自动态多变的外部大环境，员工脱离组织实现价值的可能性增强，而企业必须依赖员工的价值实现来推动企业的创新与发展。企业需要建立价值共生的体系与激励机制，激发全员的创新与跨界激情。华为与美的的股权激励、视源股份员工可以自由跨界选择适合的岗位都是价值共生生态较好的做法。

价值共生专栏 6-3

飞鹤：以共生思维，实现价值共创

企业在数字经济时代的发展，源源不断的驱动力来自企业管理者的思维意识与战略眼光。企业的管理者要善于引领，并用较好的愿景文化来培育整个团队。如飞鹤，除了为消费者提供好产品，还为他们提供更多生、养、教知识，创造更大的价值。飞鹤秉持"向善而行，价值共生"的理念，持续推进产业共富、生态共建、用户共创，为产业链上的合作伙伴赋能，为消费者创造优质体验，与企业员工互相成就，共创生态和谐的美好社会。

一、企业简介

飞鹤始创于1962年，一直专注于中国宝宝体质并从适应性的技术、配方与工艺深入研究，走出一条具有中国奶粉特色的发展创新之路。多年的发展，飞鹤不仅关注自身的发展创新，也基于时代背景把农牧业、乡村发展纳入飞鹤产业链的共生、共创、共富中来，实现多方共赢。

二、产业共生

飞鹤的管理者高瞻远瞩，认识到在食品行业，上游产业的品质对加工企业来说影响巨大。企业秉持一荣俱荣的价值共生理念与管理战略，构建起"牧场+合作社+农户"的产业集群现代化农业模式。牧场建设基于利于农户获取更好的价值与利益来谋划，并从资金方面给予扶持，企业全程参与，给广大农户吃了定心丸，也激发起农户的热情。标准化农业操作模式，让土地增值，工作岗位增多，这样就拓宽了就业的空间。同时企业谋求长远发展，注重环境保护，让共生提升到一个新的高度。

另外，企业创新产业链模式，用全产业链共赢思维来对待供应链上的每一个节点企业，本着共赢思维展开广泛的合作，让价值共生思维覆盖产业的每一个角落。

三、生态共建

飞鹤重点打造全产业链双碳闭环，在农、牧、工全产业链闭环中重点实施绿色生产，不以牺牲生态环境为代价获取利益，而是从绿色生态中获取价值。企业打造的产业集群循环项目，利己利民利国家，实现了真正意义上的价值共生。双碳闭环项目还赋能企业提升内部管理，降耗增能，实现了企业内部潜在的价值。

四、用户共创

飞鹤深刻认识到奶粉市场消费者的担心与需求，做的是母亲的事业、良心的事业、民族的事业，初心与使命驱动着飞鹤持续助力育儿环境不断优化，与用户共生共创。飞鹤在线下积极参与中国婴幼儿的养育，从市场多方获取消费者信息，努力在满足终端市场需求上深耕。线下助力与线上融合，让消费者最大限度地获得利益，这也给了飞鹤发展的驱动力，实现了与用户共创价值。

（资料来源：笔者根据多方资料整理而成）

三、创价值共生的新途径

数字时代，信息是企业发展重要的资产，信息是碎片化的、离散的与可任意获得的，关键是企业对信息的获取与转化，在这个方面，如何提升企业的知识搜索能力就成为重中之重。企业必须能够从碎片化的、散乱的信息中搜索到有价值的资源，进而有效获取与整合，将之转化为企业所需的知识，实现再创新和再利用。在这个过程中，无论是信息捕捉与获取能力，还是对信息的市场敏感性都是非常重要的，必须对信息过滤才能收入囊中。

在数字信息化背景下，企业必须建立较好的组织学习模式，通过激发与赋能，形成利于企业长期发展的信息获取能力。较好的信息获取能力、良好的信息转化与利用能力，可无形中提高企业的创新能力。企业要做时代信息的"猎人"，要能从多维度提升组织成员搜索信息、获取信息、整合信息和利用信息的能力。

企业建立共享平台促进组织学习与跨边界行为的策略要本着利他的原则，要能够维护平台融合交互的氛围，给予组织成员更多的施展空间，给他们更多的权力与机会，打破层级限制，建立共享、赋能、协同创新的数字化价值共生的协同生态。在数字化时代，只有更强的个体才能成就成功的组织，价值共生是与时代共生同频的价值创造的核心，如图6-2所示。

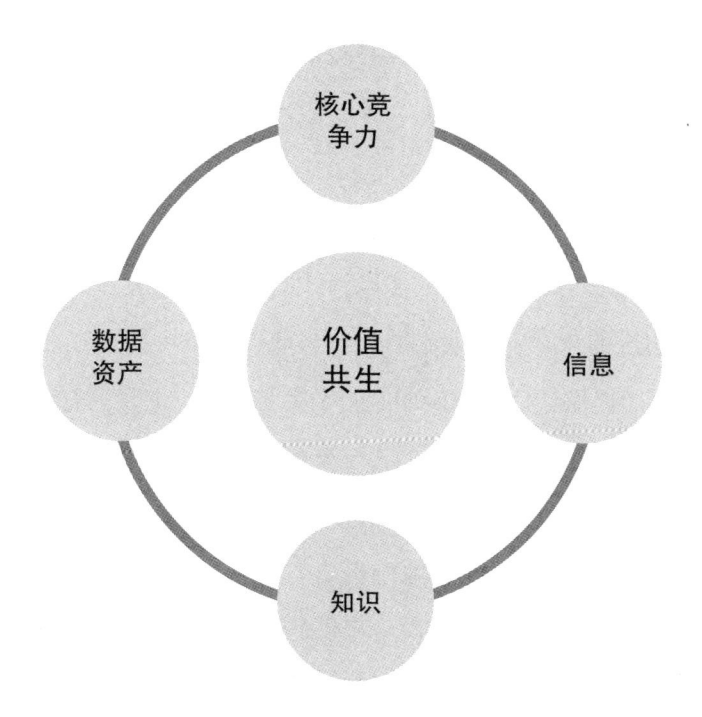

图6-2　企业价值共生示意图

四、共创得成果的新内涵

随着数字化时代的到来，全球经济与创新已经出现根本性的变化与颠覆，全球经济与政治的不确定性也在增大。在这样的背景下，传统的价值理念已经无法持续帮助企业实现价值提升与价值创造，企业要用新的价值理念和价值创造模式来应对困境与变动，秉持共创得成果、协同共生长的理念促进企业的价值提升与价值创造，构建适应数字经济时代的价值共生的新业态，让企业持续稳定创新发展下去。

第一，打造创新人才，为价值共创夯实基础。

人才是企业发展的重要因素，是企业提升价值不可或缺的中坚力量。企业要基于本企业的发展战略，打造多维的创新人才队伍与差异化的核心技术人才队伍。企业在发展过程中，必须重视组织学习对共同愿景的引导与熏陶，用文化来激励部分潜在的人才，激发出他们的创新激情与潜能，并使其资源与企业所需实现连接。

在人才引进方面，要从适用的角度来选择，尽量杜绝以胜任力来选择人才的模式。以胜任力引进人才，多以人才的学历、经验和其他相关经历为重要参考，引进的人才对企业内的岗位与职责而言可能会存在过剩。如果企业管理者不能提供让他们施展才能的平台与机会，缺少较好的激励机制，这类人群会出现怠工与消极情绪，甚至离职。企业在引进人才的时候，需要多重考虑，最好选择适合企业岗位与职责的人才，为企业的价值创造夯实基础。当然，也可以以较好的内部激励机制与赋能文化为前提引进以胜任力为参考指标的人才，关键是管理机制与文化是否建立好了。

第二，建立以共创业绩为导向的价值共生激励体系。

有了创新人才，建立以共创业绩为导向的价值共生激励体系，也就确保了创新人才持续价值创新的驱动力。在数字经济时代，企业要把价值共生当作企业管理发展中的一个重要核心，并为此建立科学有效的激励体系。激励体系要具有触动性和差异化，可以让组织成员视企业为个人职业能力施展的平台，组织成员与企业之间不能是只有利益关系的层级模式。激励体系要能鼓励组织成员的内部创新与创业，并能给予组织成员多方支持，且勇于容忍组织成员创新创业的失败。

对组织成员的创新，凡是利于企业的现在或未来的项目与建议，要大胆地给予机会尝试，管理者还要积极参与并关注项目进度，适时给予建议，但绝不是以权制约。企业价值"蛋糕"做得足够大，组织成员分享的价值利益就会更多，这样就易建立以共创业绩为导向的价值共生激励体系。在这样的创新生态中，每位成员都视企业为"我的企业"，也就能以最大的激情与力量去维护与创新,从而提升企业核心竞争力。

第三,以协同文化为前提,构建新的合伙人制度。

当下,优秀成功企业的价值共生模式多有类似于合伙人制度的影子,能够相对有效地激发人才参与企业的价值创新。合伙人制度实际上就是激励企业员工以企业价值为最终目标,实现个人价值与企业价值共赢的一种管理模式。韩都衣舍采取"小组制"经营模式,就是为了最大限度地实现个人价值与企业价值。在"小组制"的模式下,个人与企业的边界已经重构,员工的跨界创新促进了企业价值再次提升,实现了协同、共生、共赢的价值创新。

在协同文化前提下,企业与企业之间、部门与部门之间、个人与企业之间的边界没有那么明显,这利于合伙人制度发展,促进合伙人的创新。合伙人制度有利于实现个人依托于企业创新的成功,是价值共生较好的模式之一。

价值共生专栏 6-4

雀巢:通过创造共享价值提升竞争力

企业价值共生的成长与成功之路,很大程度上取决于企业的战略眼光与共同愿景的构建。管理者没有价值共生的管理思维就难以真正成就企业的价值共生。

一、企业简介

雀巢成立于19世纪,以生产巧克力棒和速溶咖啡闻名,《财富》杂志公布的2021年世界500强企业榜单中,雀巢排名第79位。

二、企业价值观是首位

对企业来说，企业的价值观、文化和愿景是凝聚企业全员的重要因素，雀巢管理者始终把此作为企业管理的核心，制订了十条指导性业务运营法则。十条运营法则的核心是：坚持用长远眼光发展、保持对人的尊重与关切、对业务持续发展许下承诺。特别是出于长远发展的考虑，雀巢为农户获得更好的价值利益而努力，致力于提高农户的种植水平。例如：雀巢在拉丁美洲奶源区，培训当地农民，并为他们提供小额贷款以提高产量，保证货源供应的质量和稳定性。十条指导性业务运营法则也给企业全员指明了方向，从某种意义上来说能为企业持续稳定的发展保驾护航。

三、创造共享价值

早在2008年，雀巢管理者就战略性地提出了企业发展要遵循"创造共享价值"的理念。企业的成功离不开产业链上所有商家与农户的经济价值与效益的提升，只有全方位地提升整个链条上的所有相关者的价值，才能提升企业的创新价值。只注重股东价值利益的经济发展模式已经出现危机与瓶颈，这种模式易出现零和博弈，最终受伤的是所有参与者。企业要从全新的角度去思考自身经营与社会之间的关系，要用价值共生的思维与战略眼光来运营。雀巢的发展始终以此为基准，不断对商业模式进行创新，创造出更多的价值。雀巢顺利地将"创造共享价值"融入自己的企业价值观，并将其一步步变成业务的驱动力。如图6-3所示。

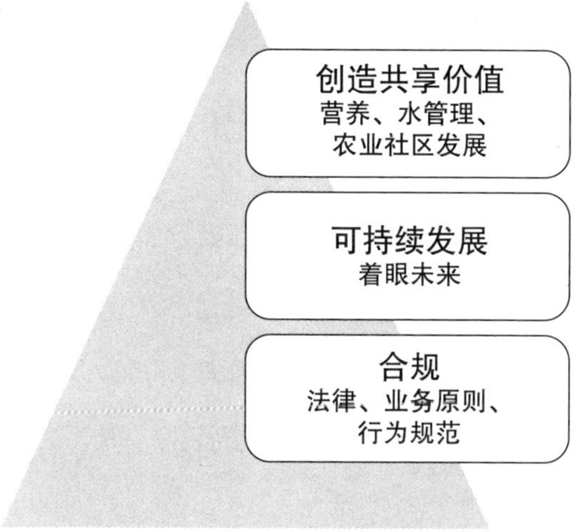

```
        创造共享价值
     营养、水管理、
     农业社区发展

        可持续发展
        着眼未来

          合规
     法律、业务原则、
       行为规范
```

图6-3　雀巢发展遵循"创造共享价值"理念

四、创造共享价值，用机制助推企业发展

雀巢的共享价值理念历经多年的实践与创新，已经成为企业创新发展的较强的驱动力。为了共享价值的落地执行，雀巢每年总结创造共享价值发展报告，查缺补漏，并让社会监督。2021年《创造共享价值和可持续发展报告》对公司如何向"气候友好"和"自然向好"型食物体系平稳过渡提出共生共赢的战略方向。与此同时，雀巢正在逐步兑现气候路线图的承诺。雀巢还降低了绝对温室气体排放量，而业务增长依然强劲。

（资料来源：笔者根据多方资料整理而成）

第四节　数字化时代转型

在外部多变与不确定的环境与复杂残酷的商业竞争背景下，价值共生的理念促进了组织管理的转型与提升。价值共生的新业态赋能影响，倒逼企业管理以价值共生为目标和前提做出管理创新，并在数字产业化和数据运营方面转型。如何进行组织管理的战略转型，成为企业实现价值共生的前提。

一、价值共生促进企业价值跃迁

在多维度的价值共生环境下，企业管理者要把创新与发展的战略眼光放宽，既要关注产业链前端的价值领域，也要关注产业链后端的价值领域，还要关注利益链条上潜在的价值，注重企业核心能力全维度提升。企业应剥离一些产业链上的薄弱之处，开发上下游产业新的价值空间，实现企业价值链影响因素资源的整合，与客户、合作伙伴、竞争对手和潜在连接者实现价值共生。

互联网信息时代，企业与企业之间的围墙已经被打破，企业的创新不仅要借助内部的创新能力也要利用好外部资源。管理者在这个过程中要下放权力，有度授权，对有利于企业的提议，都要有效识别并合理采纳。对产业链条上的瓶颈问题要协同击破，打破传统各自为政、闭门造车式的技术研发的困局。

企业对通过平台获取的信息与资源也要建立科学的识别整合体系。外部的信息极有可能给企业带来一些新的启发与触动，帮助企业在变化中找到创新管理之策。

二、跨界融合拓宽企业价值边界

数字化时代是竞合的时代，竞合促进了企业在跨界融合中的发展。企业通过跨界融合可找到新的发展空间与领域，释放企业的价值，找出适合本企业的价值增长点，拓宽企业的价值边界。

在竞合的大环境下，企业要敢于打破边界，敢于跨界融合。管理者要在企业内构建跨界融合的文化氛围与机制，打破企业内部门围墙。企业的人才激发，就是给跨界参与较好者支持与授权。在跨界过程中，可借力打力再次激发人员的跨界能力，挖掘出潜在的资源。另外，也要利用跨界的赋能与激发能力，构建企业内的跨界赋能生态。

通过企业外部的跨界融合，可获取有利于企业的信息与资源并可将之转化为企业知识资产。在当今数字化发展背景下，企业内外边界已不是那么明显，通过平台生态实现与外部的便捷连接与融合，让企业获取外部知识与异质性资源更加容易，在这个过程中激发创新也是水到渠成的事情。

三、管理挖潜打造企业价值新机

价值共生需要企业探索出适宜的价值共生融合管理模式，以价值共生为理念和理论指导，构建协同融合的管理创新生态。企业与企业的协同，企业所拥有资源的共享与赋能，可提升企业的核心竞争能力并实现最优的资源配置。

在价值共生的新业态下，企业要以赋能为主要手段，激发全员价值，从软件、硬件共同提升，打造强大的生态系统与价值共生的生态动能引擎。企业要深入挖掘客户需求，以需求驱动多维创新，进行跨界融合，不断提升可持续发展能力，与客户、合作伙伴、竞争对手共创价值与共享价值。基于竞合发展，企业管理创新要关注以下几个方面。

第一，数字化企业的管理者。管理者首先要对互联网背景有深刻的了解与认知，要认识到，在互联网经济时代，连接比拥有更重要。连接需要多方参与，是多维度的连接，连接的形式是没有局限的。连接带来的是新的知识与信息，带来的是有利于企业的资源，连接能够打破企业围墙，打破权力限制，使企业形成开放融合的创新管理模式。

第二，数据的资产化运用。在数字化竞合环境下，信息与知识的获取相对便利，企业只有拥有较好的数据获取能力和分析能力才能最大限度地将之转化为数据资产。对潜在机会的识别能力，也成为互联网信息时代企业管理者应具备的能力，成立专业的数据信息探索团队与培养专业数据人才也是关键。

第三，重构互联网信息时代生态与环境。互联网信息时代是竞合与共生的时代，管理者要秉持开放的态度，建立良好的信任与沟通渠道，实现相关利益方的协同，构建起共生融合的新生态。比如，在企业内部可以把每一位企业成员都当作企业的主人，让每一个人都参与企业的管理与技术创新，全力支持每一个人的能力施展与跨界。

第四，管理模式重构。互联网信息时代赋能是的热门话题，也是企业管理与技术创新的关键所在。企业管理已经由原来的管控向赋能转型，企业要通过创建更多的空间与平台，最大限度地实现全员与相关利益方的协同。在这个层面上，管理者要认识"新管理者"的角色，要从管控角色转换为多角色，在服务者、引领者、谋划者、传递者、赋能者之间转换。管理者要从生态布局、平台管理、数字赋能、责任下沉、权力下放、协同共创、共生共赢几个方面来重构组织，视企业员工为伙伴、合作者、协同者。

第五，价值共生创造价值新生态。互联网信息环境下，企业与企业之间、企业与员工之间、企业与产业链之间的关系非常紧密，相互之间的壁垒被打破，零和博弈的单边思维已经不再适用，共生与共赢成为合作与协同的重点。只有从共生与共赢的角度转变，才能促进企业的技术迭代和产品创新，才能给企业带来更多的空间与可能，才能让企业的数字转型更加成功高效。

价值共生是全生态的场景，覆盖企业内外及相关产业链。在这个新生态中，需要全体员工共同的参与协作，本着价值共生、共同发展、共同进退的思维来协同。

章末案例——拼多多：用赋能助力价值共赢与管理创新

互联网信息时代的企业发展与创新已由单边竞争转变为多方竞合。在以竞合为主的创新发展大背景下，任何企业都要做出相应转变，用共生思维去谋划发展中的一切，用数据资产来替代传统的知识。

一、企业简介

成立于2015年的拼多多是一家专注于C2M购物的第三方社交电商平台。2020年拼多多位列"2020胡润中国10强电商"；2022年入选"2022年十大创新物流供应链公司"榜单。

二、用价值共生助力管理创新

作为互联网电商后起之秀，拼多多把握住了互联网电商的命脉，把共享、共创、共赢作为企业发展的主要战略，本着融合赋能的新思维去面对发展中的一切，给企业发展注入了较强的原动力。

三、价值共生赋能先行

作为电商平台，拼多多并没有把自我利益放在首位，而是支持与赋能大众创业的平台，成立了孵化基地，同时开放其运营、营销等供应链体系，为商家生产、销售提供更精准的数据支撑，帮助其提升效率。拼多多还从商业运营整个链条提供赋能与支持，让入驻的商家和愿意创业的人有更多成功的机会。

第一，赋能商家。通过大数据分析赋能商家，给商家更多科学数据支持，让商家基于此做出科学的优化与改进，提高了商家能力，也增加了成功的可能性。

第二，赋能农业。拼多多不仅关注平台商家，更把焦点移到农产品的最前端，已经初步建立了一个覆盖上、中、下游的全面立体的推动智慧农业发展的系统。

第三，赋能销售链条，拓宽市场。供应链的优化，让拼多多手握大量的商家资源及海量数据，通过数据聚合，拼多多获得了更强的服务能力和供应能力。对于消费者来说，以往消费信息不透明的局面被打破了，供需不平衡的问题也得到了有效解决。信息的透明与有效追溯，提高了消费者对产品的黏性与认知度，也扩大了市场空间。

第四，与消费者共享利益。拼多多采用多种举措与消费者共享利益。拼多多与消费者的利益共享不仅是口号，而是真正让消费者获得了利益。这扩大了拼多多的市场影响力，也助推了更多的消费者到拼多多电商平台中来，实现了拼多多与消费者的共生价值。

四、总结与启示

在快速发展的互联网时代，企业管理者要能清晰地认识到互联网经济的本质，基于互联网的竞合环境，把竞争思维转化为共生思维。

第一，互联网信息时代是以数据为资产和创新资源的时代，在这个共生和竞合共融的生态环境下，企业管理者要改传统管理模式为共生与共享模式，把共生思维贯穿于整个企业，实现全维度的价值共生。

第二，企业的共生不仅在企业内，还涵盖整个生态链，也包括产业链相关的生态环境与潜在的关联方。共生以"授人以渔"的赋能为中心，为利益相关方或潜在的利益相关者构建赋能生态，价值共生不仅要共生、共赢，还需要健康持续的发展创新。

第三，善用数字化的信息为利益相关方提供技术支持，实现精准定位的赋能。让数据与信息为价值共生创造更多可能与空间，同时也对整个产业链相关数据信息进行资产化分析与挖掘，用数据为企业增技创效，实现数据资产的协同效能。

第四，价值共生需要在动态中做出创新与改变，需要与时俱进地融入互联网信息时代的竞合大环境中去。价值共生需要基于环境的变化不断做出创新与尝试，企业要找到一条适合自身的价值共生创新发展之路。

（资料来源：笔者根据多方资料整理而成）

【本章小结】

本章主要围绕着数字化转型六项修炼中的价值共生进行多维度阐述。价值共生是数字经济竞合的主要特征，主要包括连接、共生、共创、共赢、赋能几个方面，资源共享在价值共生中起着主导作用。价值共生是数字经济发展的必由之路，企业要通过创新价值共生来创新管理。

参考文献

[1] 綦良群，周凌玥. 装备制造企业协同创新网络知识转移的演化博弈 [J]. 预测，2019，(1)：83-90.

[2] 李婉红，申楠. 基于竞合关系的制造业绿色创新系统知识共享博弈研究 [J]. 学习与探索，2015，(9)：117-121.

[3] 赵沁平. 虚实结合，协同创新，扎实推进虚拟现实产业健康发展 [J]. 中国科技产业，2022，(3)：16-17.

[4] 李蕾，刘荣增. 产业融合与制造业高质量发展：基于协同创新的中介效应 [J]. 经济经纬，2022，39（02）：78-87.

[5] 陈春花. 数字经济及实体经济的价值共生 [J]. 理财，2022，(2)：7.

[6] 陈春花. 数字化时代的价值共生 [J]. 企业管理，2022，(1)：9-10.

[7] 陈春花，朱丽，刘超，等. 协同共生论：数字时代的新管理范式 [J]. 外国经济与管理，2022，44（1）：68-83.

[8] 陈春花. 价值共生与企业可持续发展 [J]. 城市开发，2021，(21)：58-61.

[9] 陈淑平. 基于多维度网络分析的京津冀城市群协同创新研究 [J]. 图书情报导刊，2021，6（12）：64-76.

[10] 黄寰，张秋凤，刘欣灵，等. 成渝地区双城经济圈协同创新发展现状与对策 [J]. 今日科苑，2021，(12)：38-54.

[11] 杨利峰. 战略性新兴产业技术创新与商业模式创新协同演化路径研究 [J]. 廊坊师范学院学报（自然科学版），2021，21（4）：82-88.

[12] 赵观兵，谢华彬. 价值链和供应链融合下众创空间多主体协同创新演化博弈研究 [J]. 科技与经济，2021，34（6）：31-35.

[13] 卢强，刘贝妮，宋华. 协同创新对中小企业供应链融资绩效的影响——信号理论视角 [J]. 研究与发展管理，2021，33（6）：87-99.

[14] 李向红. 协同共生："双高计划"高水平专业群建设价值与实践指向——以江苏经贸职业技术学院电子商务专业为例 [J]. 江苏经贸职业技术学院学报，2021，(5)：67-69.

[15] 蔡春林. 关于发挥粤港澳大湾区和广交会在"双循环"连接点平台作用的建议 [J].

中国发展, 2021, 21 (S1): 37-41.

[16] 董华, 陈蕾. 大数据驱动下服务型制造超网络的价值共创——以小米为例 [J]. 财会月刊, 2021, (20): 111-119.

[17] 赵丹. 云天化: 立足西南, 和渠道价值共生 [J]. 营销界, 2021, (36): 49-51.

[18] 任雁. 延续记忆, 连接未来——作为文化互动平台的大同市博物馆 [J]. 文物鉴定与鉴赏, 2021, (13): 162-164.

[19] 赵丹. 价值共生 [J]. 营销界, 2021, (27): 3.

[20] 陈春花.《价值共生》, 和数字时代共读 [J]. 城市开发, 2021, (12): 84-85.

[21] 席志武, 李辉. 平台化社会重建公共价值的可能与可为——兼评《平台社会: 连接世界中的公共价值》[J]. 国际新闻界, 2021, 43 (6): 165-176.

[22] 陈春花. 价值共生数字化时代新逻辑 [J]. 企业管理, 2021, (6): 6-9.

[23] 叶志桂. 平台化服务与联通连接能力建设 [J]. 企业管理, 2021, (3): 113-116.

[24] 赵涛, 张智, 梁上坤. 数字经济、创业活跃度与高质量发展——来自中国城市的经验证据 [J]. 管理世界, 2020, 36 (10): 65-76.

[25] 刘洋, 董久钰, 魏江. 数字创新管理: 理论框架与未来研究 [J]. 管理世界, 2020, 36 (7): 198-217+219.

[26] 刘军, 杨渊鋆, 张三峰. 中国数字经济测度与驱动因素研究 [J]. 上海经济研究, 2020, (6): 81-96.

[27] 焦勇. 数字经济赋能制造业转型: 从价值重塑到价值创造 [J]. 经济家, 2020, (6): 87-94.

[28] 戚聿东, 肖旭. 数字经济时代的企业管理变革 [J]. 管理世界, 2020, 36 (6): 135-152+250.

[29] 戴维·埃文斯, 理查德·施马兰奇. 连接: 多边平台经济学 [M]. 张昕, 译. 北京: 中信出版社, 2018.

[30] 孟华, 朱其忠. 价值网络共生对企业绩效的影响研究: 一个有调节的中介模型 [J]. 科技管理研究, 2020, 40 (3): 213-224.

[31] 李晓华. 数字经济新特征与数字经济新动能的形成机制 [J]. 改革, 2019, (11): 40-51.

[32] 何帆, 刘红霞. 数字经济视角下实体企业数字化变革的业绩提升效应评估 [J]. 改

革, 2019, (4): 137-148.

[33] 荆文君, 孙宝文. 数字经济促进经济高质量发展: 一个理论分析框架 [J]. 经济学家, 2019, (2): 66-73.

[34] 郑青华. 连接经济: 传媒经济本质的再阐释 [J]. 新闻大学, 2018, (6): 120-127+152.

[35] 裴长洪, 倪江飞, 李越. 数字经济的政治经济学分析 [J]. 财贸经济, 2018, 39 (9): 5-22.

[36] 孙强, 杨书梅. 连接, 协同, 共享——中铁物贸集团财务共享平台建设 [J]. 施工企业管理, 2018, (9): 83-84.

[37] 曹正勇. 数字经济背景下促进我国工业高质量发展的新制造模式研究 [J]. 理论探讨, 2018, (2): 99-104.

[38] 赵西三. 数字经济驱动中国制造转型升级研究 [J]. 中州学刊, 2017, (12): 36-41.

[39] 周开国, 卢允之, 杨海生. 融资约束、创新能力与企业协同创新 [J]. 经济研究, 2017, 52 (7): 94-108.

[40] 张雪玲, 焦月霞. 中国数字经济发展指数及其应用初探 [J]. 浙江社会科学, 2017, (4): 32-40+157.

[41] 张新红. 数字经济与中国发展 [J]. 电子政务, 2016, (11): 2-11.

[42] 江积海, 李琴. 平台型商业模式创新中连接属性影响价值共创的内在机理——Airbnb的案例研究 [J]. 管理评论, 2016, 28 (7): 252-260.

[43] 分享经济发展报告课题组. 认识分享经济: 内涵特征、驱动力、影响力、认识误区与发展趋势 [J]. 电子政务, 2016, (4): 2-10.

[44] 曹科岩, 窦志铭. 组织创新氛围、知识分享与员工创新行为的跨层次研究 [J]. 科研管理, 2015, 36 (12): 83-91.

[45] 郭全中. 重建用户连接的三大平台建设 [J]. 新闻与写作, 2015, (10): 44-47.

[46] 周文辉, 曹裕, 周依芳. 共识、共生与共赢: 价值共创的过程模型 [J]. 科研管理, 2015, 36 (8): 129-135.

[47] 解学梅, 刘丝雨. 协同创新模式对协同效应与创新绩效的影响机理 [J]. 管理科学, 2015, 28 (2): 27-39.

[48] 刘丹，闫长乐. 协同创新网络结构与机理研究［J］. 管理世界，2013，（12）：1-4.

[49] 王进富，张颖颖，苏世彬，等. 产学研协同创新机制研究——一个理论分析框架［J］. 科技进步与对策，2013，30（16）：1-6.

[50] 饶燕婷. "产学研"协同创新的内涵、要求与政策构想［J］. 高教探索，2012，（4）：29-32.

[51] 陈劲，阳银娟. 协同创新的理论基础与内涵［J］. 科学学研究，2012，30（2）：161-164.

[52] 于米. 个人/集体主义倾向与知识分享意愿之间的关系研究：知识活性的调节作用［J］. 南开管理评论，2011，14（6）：149-157.

[53] 熊励，孙友霞，蒋定福，等. 协同创新研究综述——基于实现途径视角［J］. 科技管理研究，2011，31（14）：15-18.

[54] 赵红丹，彭正龙，梁东. 组织信任、雇佣关系与员工知识分享行为［J］. 管理科学，2010，23（6）：33-42.

[55] 毛鹏，李晓露，秦红，等. 公共信息平台的数据访问服务设计［J］. 电力自动化设备，2010，30（10）：121-125.

[56] 曹科岩，龙君伟. 组织文化、知识分享与组织创新的关系研究［J］. 科学学研究，2009，27（12）：1869-1876.

[57] 曹科岩，龙君伟，杨玉浩. 组织信任、知识分享与组织绩效关系的实证研究［J］. 科研管理，2008，（5）：93-101+110.

[58] 杨玉浩，龙君伟. 企业员工知识分享行为的结构与测量［J］. 心理学报，2008，（3）：350-357.

[59] 周密，姚芳，姚小涛. 员工知识共享、知识共享意愿与信任基础［J］. 软科学，2006，（3）：109-113.

[60] 周密，赵西萍，姚芳. 基于知识共享意愿的员工信任关系的建立［J］. 科学学与科学技术管理，2006，（1）：112-115+140.

[61] 鲁若愚，陈力. 企业知识管理中的分享与整合［J］. 研究与发展管理，2003，（1）：16-20.

[62] 林慧岳，李林芳. 论知识分享［J］. 自然辩证法研究，2002，（8）：43-46+55.

[63] 谢康，吴清津，肖静华. 企业知识分享—学习曲线与国家知识优势［J］. 管理科学学报，2002，（2）：14-21.